チェコ語
表現とことん
トレーニング

髙橋みのり

白水社

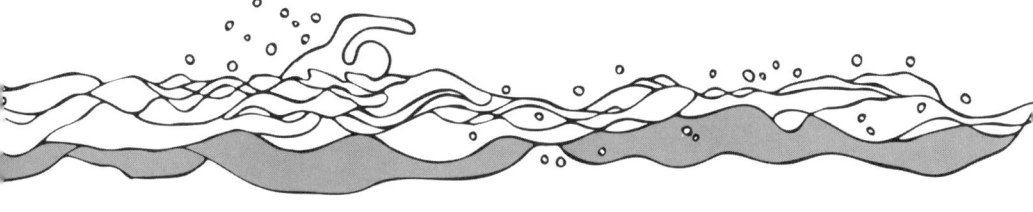

イラスト　カトウタカシ
装丁・本文レイアウト　重原 隆

まえがき

　この本は、これからチェコ語を学ぶ人、またすでにある程度チェコ語を学んだ人が、チェコ語の文法を理解しながら身につけていくための「チェコ語練習帳」です。

　さて、外国語学習といえばやはり「文法」は避けて通れないのでしょうか？
　確かに、その言語の定型表現をいくらか知っていれば、あるいは単語を適当に並べるだけでも、それなりに自分の意思を相手に伝えることはできるものです。とはいえ、それではいつか行き詰まってしまうのもまた事実で、「それ以上」を求めるならば、やはり文法が必要となってきます。
　文法とはその言語の土台であり、骨組みです。その言語を動かす「しくみ」であり、その言語の核となる「考えかた」でもあります。

　この本は、日常会話的な表現を通して、ひととおりのチェコ語文法が学べるように作られています。またその過程で、基本的な語いも身についてくるはずです。
　チェコ語は、初歩の段階から覚えることがたくさんあり、多くの人が「とっつきにくい」と感じる言語です。慣れるまでには、確かにそれなりの時間が必要です。しかし、この本では文法をポイントごとにわかりやすく整理し、皆さんが一歩一歩、無理のない順番で学んでいけるように配慮していますから、心配することはありません。

　さあ、それではチェコ語という大きな海に足を踏み入れてみましょう。

2013 年春　　　　著者

この本の使いかた

　各課は2ページ構成です。まず、左ページの解説で、チェコ語の海を泳ぐためのコツを覚えます。覚えたコツを使って、右ページの練習問題で実際に泳ぐトレーニングをしましょう。

トレーニングの難易度を3段階のマークで表示
🛟 浮く　🏊 泳ぐ　🏊‍♂️ 遠泳
少しずつ、着実に、泳ぎかたを身につけます

この課では
こんな表現が身につきます

浮き輪マーク 🛟 は、文法や表現のポイント
泳ぎきるための重要なアイテムです

チェコ語作文は
ヒントを手がかりに挑戦！

わからない単語に出合ったとき	→p.171の「単語リスト」へ
名詞の変化型を調べたいとき	→p.183の「名詞の語尾」へ
動詞の活用表を探したいとき	→p.183の「動詞の語尾」へ
文法項目別にトレーニングしたいとき	→p.169の「文法項目索引」へ

泳ぎかたがわかれば、あとはあなたの自由自在！

チェコ語表現とことんトレーニング  目次

まえがき ●3
この本の使いかた ●4

- 第0課　チェコ語のつづりと発音　●8
- 第1課　私は日本人です　●12
- 第2課　それは何ですか？　●14
- 第3課　私たちは家にいます　●16
- 　基本のあいさつ　●18
- 第4課　これが新しい家です　●20
- 第5課　この家は新しくて、あの家は古い　●22
- 第6課　こちらは私の兄です　●24
- 第7課　何をしているんですか？　●26
- 第8課　チェコ語を話しますか？　●28
- 第9課　チェコ語は少ししかわかりません　●30
- 第10課　私はチェコ語を学んでいます　●32
- 　チェコ語の「格」のしくみ　●34
- 第11課　これはプラハの地図だよ　●36
- 第12課　コーヒーを飲みますか、それとも紅茶？　●38
- 第13課　私には姉がいます　●40
- 第14課　プラハはとても気に入ってます　●42
- 第15課　チェコ語は楽しいです　●44
- 第16課　私は明菜といいます　●46
- 第17課　どこへ行くんですか？　●48
- 第18課　私たちは車でブルノへ行きます　●50
- 第19課　ゆっくり話してもらえますか？　●52
- 　相手との距離を縮めるには　●54

第20課	私はあなたがたと一緒に行きます	●56
第21課	エヴァについて話しています	●58
第22課	お肉は食べません	●60
第23課	彼らはミロシュについて話している	●62
第24課	ヤナは机に座っています	●64
第25課	寝る前に牛乳を飲みます	●66
第26課	コーヒー飲みに行く？	●68
第27課	新しい先生と新しい喫茶店に行きます	●70
第28課	デパートでコートを買うの	●72
第29課	どんなスポーツが好き？	●74
	チェコ語の動詞は「ペア」をなす	●76
第30課	明日は家にいますよ	●78
第31課	銀行へはどう行きますか？	●80
第32課	何を読んでるの？	●82
第33課	何について話してるの？	●84
第34課	彼女のこと、どう思う？	●86
	時の表現	●88
第35課	カレルはもう家へ帰ったよ	●90
第36課	そのコート、いつ買ったの？	●92
第37課	学生たちは日本語を専攻しています	●94
第38課	私たちにはお金が必要なんです	●96
第39課	誕生日はいつですか？	●98
第40課	私はよくDVDを買います	●100
第41課	チェルニー氏をご存知ですか？	●102
第42課	ここには一人しかいない	●104
	数の表現	●106
第43課	彼らについてどう思う？	●108

第44課	もしお金があったら車を買うのになあ	●110
第45課	車を買うためにお金が必要なんだ	●112
第46課	それは偶然に違いない	●114
第47課	ルツィエのためにバラを買ったよ	●116
第48課	オフィスへは市電で行くの？	●118
第49課	私は大きな犬が怖い	●120
第50課	私の犬がいなくなった	●122
第51課	私たちは知り合いです	●124
第52課	来週おじを訪ねてブルノへ行きます	●126
第53課	僕はプラハに暮らす姉に手紙を書いている	●128
第54課	ヤンは自分の車を運転している	●130
第55課	彼女の友人たちと知り合いになったよ	●132
第56課	ヤンはパヴェルよりだいぶ背が高い	●134
第57課	ヴルタヴァはチェコで最も長い川です	●136
第58課	砂糖をちょうだい	●138
第59課	本当のことを言ってよ！	●140
第60課	休暇に海へ行くんです	●142
第61課	何かペットを飼っていますか？	●144
第62課	これで全部です	●146
第63課	ルツィエは二児の母です	●148
	時刻の表現 ●150	
第64課	この本はチェコ語で書かれている	●152

練習問題解答例 ●154
文法項目索引 ●169
単語リスト（チェコ語ー日本語）●171

第0課 チェコ語のつづりと発音

チェコ語の母音

　a, i, e, o はそれぞれ日本語の［ア］［イ］［エ］［オ］とほぼ同じ発音ですが、u は日本語のように曖昧な［ウ］ではなく、唇を丸め、突き出すようにして明確に発音します。また、y の文字が i と同じく［イ］と読まれることに注意してください。これら母音字の上に点（´）が付いていれば伸ばします。u のみ、輪の記号（°）も付きます。

文字	カナ	発音記号	文字	カナ	発音記号
a	［ア］	[a]	á	［アー］	[aː]
i, y	［イ］	[ɪ]	í, ý	［イー］	[iː]
u	［ウ］	[u]	ú, ů	［ウー］	[uː]
e	［エ］	[ɛ]	é	［エー］	[ɛː]
o	［オ］	[o]	ó	［オー］	[oː]

　チェコ語では語の第一音節に強勢がおかれます。つまりは最初にある母音をほかより強めに発音すればいいのです。ただしチェコ語の強勢は比較的弱いもので、あまり意識する必要はありません。

■発音してみましょう。

　　Dobrý den　こんにちは　　Dobré ráno　おはようございます

チェコ語の子音

　チェコ語の発音の基本は「ローマ字読み」ですが、これに当てはまらない子音字や、軟音記号（ˇ）のついた子音字の読みかたを以下に示します。

文字	カナ	記号	発音の説明
c	［ツ］	[ts]	［ツ］の子音。
č	［チュ］	[tʃ]	［チャ/チュ/チョ］の子音。少し唇を突き出す。
ch	［フ］	[x]	こすれた［フ］。舌の付け根あたりを持ち上げ、口の天井との狭いすきまから息を通す。
j	ー	[j]	［ヤ/ユ/ヨ］の子音。うしろに子音がつづくときや、語末では弱い［イ］。
r	［ル］	[r]	いわゆる巻き舌の r。
š	［シュ］	[ʃ]	［シャ/シュ/ショ］の子音。少し唇を突き出す。

x	［クス］	[ks]	外来語にのみ現れる。母音の前に来る場合は［グズ］[gz] となる。
ž	［ジュ］	[ʒ]	［ジャ／ジュ／ジョ］の子音に近いが、発音するときに舌が上の前歯付近に触れない。

■ 発音してみましょう。

    Japonec　日本人男性　　Dobrou noc　おやすみなさい
    Čech　チェコ人男性　　Češka　チェコ人女性　　Ahoj!　やあ！

注意すべき子音 ― ť, ď, ň の発音

  ťとďは日本語にも英語にもない独特の音で、特に注意する必要があります。たとえばťに母音aをつけたťaは、舌の腹（中央部）を口の天井部分にペタリとつけた上で［キャ］または［チャ］と発音します。日本人の耳には［キャ］［チャ］どちらにも聞こえますが、いずれにせよ「発音時に舌の腹がペタリと口の天井についていること」が不可欠です。「キヤキヤキヤ…」や「チヤチヤチヤ…」と速く繰り返していると感覚がつかめてきます。

  ďはťの有声音(ゆうせいおん)です。有声音とは、簡単に言えば「濁り（゛）のある音」のことで、たとえばk［ク］の有声音はg［グ］となります。ですから、ďaは［ギャ］や［ジャ］に似た音になります。

ť [c]			ď [ɟ]			ň [ɲ]		
ťa	［ぢゃ］	[ca]	ďa	［ぢゃ］	[ɟa]	ňa	［ニャ］	[ɲa]
ťu	［ぢゅ］	[cu]	ďu	［ぢゅ］	[ɟu]	ňu	［ニュ］	[ɲu]
ťo	［ぢょ］	[co]	ďo	［ぢょ］	[ɟo]	ňo	［ニョ］	[ɲo]
ti	［ち］	[cɪ]	di	［ぢ］	[ɟɪ]	ni	［に］	[ɲɪ]
tě	［ちぇ］	[cɛ]	dě	［ぢぇ］	[ɟɛ]	ně	［ニェ］	[ɲɛ]

  ťとďに母音のiやeが付く場合は、書きかたに注意が必要となります。つまりť+iはtiと書き（ťiとはならない）、またť+eはtěと書くのです（ťeとはならない）。diとděも同様です。

  ňは日本語［ニャ／ニュ／ニョ］の子音とほぼ同じです。したがってňa［ニャ］, ňu［ニュ］, ňo［ニョ］となります。またやはりň+iはniと書き、ň+eはněと書きます（これらについては次ページも参照のこと）。

  なお、ťとďに付いているアポストロフィー（'）は、軟音記号（ˇ）を見やすいように変形させたものです。つまり実質的には軟音記号なのです。

■ 発音してみましょう。

    koťata　子猫たち　　Maďarsko　ハンガリー　　koňak　コニャック

注意すべき子音 — ř の発音

ř はチェコ語の発音において最難関とも言える音です。巻き舌の r と同時に ž を発音します。口を軽くすぼめた上で「ルジュルジュルジュ…」と速く繰り返していると感覚がつかめてきます。　例）řeka［じぇカ］川

■発音してみましょう。

　　　říkat　言う　　　Dvořák　〔チェコ人男性の姓〕

注意すべきつづり — t, d, n の後の i／í と y／ý

前のページで見た通り、ti, di, ni はそれぞれ実質的には tʼ+i, dʼ+i, ň+i です。これに対し、ty, dy, ny は t+i, d+i, n+i を表します。

| ti | ［ち］ | [cɪ] | di | ［ぢ］ | [ɟɪ] | ni | ［に］ | [ɲɪ] |
| ty | ［ティ］ | [tɪ] | dy | ［ディ］ | [dɪ] | ny | ［ニ］ | [nɪ] |

ni と ny は非常に似た音ですが、ni は「発音時に舌の腹がペタリと口の天井についていること」が必要です。ny は極端に言えば［ヌィ］のような発音になりますが、あまり意識せずに発音した方が自然に聞こえます。

また、t, d, n のうしろ以外では、i と y の発音はまったく同じ［イ］です。たとえば mi も my もまったく同じ［ミ］の発音になります。

■発音してみましょう。

　　　tady　ここに　　　divadlo　劇場　　　týden　週　　　tisíc　千

注意すべきつづり — ě の読みかた

特定の子音字と ě の組み合わせによって、次のような発音になります。

①t, d, n の後に ě ⇒　tě［ちぇ］, dě［ぢぇ］, ně［ニェ］ となる。
②b, p, v, f の後の ě ⇒　［ィエ］[jɛ] という音を表す。つまり bě［ビェ］, pě［ピェ］, vě［ヴィェ］, fě［フィェ］となる。
③m の後に ě ⇒　mě は［ムニェ］[mɲɛ] と発音する。つまり mně と同じになる。

■発音してみましょう。

　　　děkuju　ありがとう　　　pět　5　　　dvě stě　200　　　měsíc　月

有声化と無声化

　子音は有声音と無声音に分かれます。たとえばbは有声音で、このbの「濁り」を無くす（＝無声化する）と無声音のpとなります。これらbとpでペアを成しているわけですが、「つづりはbなのに実際の発音はp」というようなことがチェコ語では起こります。パターンは以下の通りです。

　なお、j, l, m, n, ň, r はこの規則には関係がありません。

◇語末に書かれた有声音の文字は、ペアの無声音の発音になる。

　　zub ［ズゥプ］ 歯　　　　hrad ［フラット］ 城
　　teď ［テッちゅ］ 今　　　sníh ［スニーふ］ 雪
　　krev ［クレフ］ 血　　　　muž ［ムシュ］ 男

◇無声音の前に書かれた有声音の文字は、ペアの無声音の発音になる。

　　obchod ［オブホット］ 店　　lehký ［レフキー］ 軽い
　　otázka ［オタースカ］ 質問　　těžký ［ちぇシュキー］ 重い

※2文字以上でも、連鎖的に無声化する。

　　vztah ［フスタふ］ 関係　　odjezd ［オドイェスト］ 出発

◇有声音の前に書かれた無声音の文字は、ペアの有声音の発音になる。パターンはほぼ以下の通り。

　　kd と書いて発音は [gd]：**kd**o ［グド］ 誰が
　　sb と書いて発音は [zb]：pro**sb**a ［プロズバ］ 願い
　　tb と書いて発音は [db]：fo**tb**al ［フォドバル］ サッカー
　　これ以外には、takže ［タグジェ］「なので」など。

※例外として、v の前では有声化は起こらない。

　　svoboda ［スヴォボダ］ 自由　　tvůj ［トゥヴーイ］ 君の

◇ř が [r+ž] ではなく、[r+š]（つまり無声音）として発音される場合がある。

　① 語末に書かれた場合：lékař ［レーカしゅ］ 医者
　② 無声音の前に書かれた場合：hořký ［ホしゅキー］ 苦い
　③ 無声音の後に書かれた場合（tř, př, kř, chř の4通り）：

　　　tři ［トゥシ］ 3　　　　přítel ［プシーテル］ 親友
　　　křeslo ［クしぇスロ］ ソファ　　chřipka ［フしプカ］ インフルエンザ

ペアの子音

有声		無声
b	⇔	p
d	⇔	t
ď	⇔	ť
g	⇔	k
h	⇔	ch
v	⇔	f
z	⇔	s
ž	⇔	š
ř [rž]	⇔	ř [rš]
(dz)	⇔	c
(dž)	⇔	č

第1課 私は日本人です

> ❶ Já jsem Akina. Jsem Japonka.
>   ヤー セム　　　　 セム　 ヤポンカ
>   私は明菜です。（私は）日本人です。
>
> ❷ Jsem Kenta. Jsem Japonec.
>   セム　　　　　 セム　 ヤポネッツ
>   （僕は）健太です。（僕は）日本人です。
>
> ❸ Vy jste Čech?
>   ヴィ ステ チェふ
>   あなたはチェコ人〔男性〕ですか？
>
> — Ano, jsem. / Ne, nejsem.
>   アノ　 セム　　 ネ　 ネイセム
>   ─はい、そうです。／いいえ、違います。

チェコ語で「私」は **já**、「あなた」は **vy** となります。ただしこの場合の「あなた」は初対面の相手や目上の人に対する呼びかたです。

「です」にあたる部分は、次のように主語に合わせて形が変わります。

já（私）が主語のとき	vy（あなた）が主語のとき
jsem［セム／イセム］	**jste**［ステ／イステ］

jsem や jste の j［イ］は日常会話では発音しないことが普通で、あえて発音すると改まった印象を与えます。また já や vy は省くことができますが、特に「私」や「あなた」を強調したい場合には省かずにちゃんと言いましょう。

◉ 動詞に ne- を付ければ否定になる

jsem, jste など、いわゆる〈動詞〉の前に ne- を付けると、「～（では）ない」という否定の意味になります。

「（私は）～ではない」	「（あなたは）～ではない」
nejsem［ネイセム］	**nejste**［ネイステ］

否定の場合、j［イ］は省かずに発音します。nejsem や nejste で一語のように発音し、強勢は ne の方に移ります。

◉ 人間を表す語は、男性と女性で形が異なる

たとえば「日本人」は、男性なら Japonec、女性なら Japonka となり、❶❷のように男女で別の形を使います。またチェコ人男性は Čech、チェコ人女性は Češka です。このような民族名や国民名を表す語は最初を大文字で書きます。

最後に疑問文のつくりかた・答えかたも覚えておきましょう。❸のような「はい」か「いいえ」で答えるタイプの疑問文は、文の最後に「？」を付ける、

つまり最後を上げて言えばいいだけです。特に語の順番を変える必要はありません。

答えかたとしては、**ano**「はい」か **ne**「いいえ」を言うだけでも問題はありませんが、❸のように動詞を後につづけて答えた方が丁寧な印象になります。

1 日本語訳に合わせて、次の空欄を埋めましょう。

1　Já .... Japonec.　私は日本人〔男性〕です。
2　Vy .... Japonka?　あなたは日本人〔女性〕ですか？
3　Ano, ... Japonka.　はい、私は日本人〔女性〕です。
4　..................... Čech.　私はチェコ人〔男性〕ではありません。
5　Jste .... ?　あなたはチェコ人〔女性〕ですか？

2 次のチェコ語の意味を考えてみましょう。男女の違いに注意しましょう。

1　Já jsem Jana. Jsem Češka.
　　ヤー　セム　ヤナ　セム　チェシュカ
2　Jsem Petr. Jsem Čech.
　　セム　ペトゥル　セム　チェフ
3　Vy jste Japonec?
　　ヴィ　ステ　ヤポネッツ
4　Ano, jsem Japonec.
　　アノ　セム　ヤポネッツ

3 次の日本語をチェコ語に訳してみましょう。

1　私は □ です。　　◉ 空欄に自分の名前を入れて言いましょう。

2　私は日本人です。　◉ 自分の性別で言いましょう。

3　〔男性に向かって〕あなたはチェコ人ですか？

4　〔女性に向かって〕あなたはチェコ人ですか？

5　〔人違いされて〕私はヒカル（Hikaru）じゃありません！

第2課 それは何ですか？

❶ On je student?
オン イェ ストゥデントゥ
— Ne, není student. Je učitel.
ネ ネニー ストゥデントゥ イェ ウチテル
❷ Ona je slečna Jana?
オナ イェ スレチュナ ヤナ
❸ Kdo je to?
グド イェ ト
❹ Co je to? — To je sudoku.
ツォ イェ ト ト イェ スゥドクゥ

彼は学生ですか？
—いいえ、学生じゃないです。先生です。
彼女はヤナさんですか？
あれはどなたですか？
それは何ですか？—これは数独です。

student 学生〔男性〕　učitel 先生・教師〔男性〕

チェコ語で「彼」は **on**、「彼女」は **ona** です。話の流れや周りの状況から誰のことを話しているのかが明らかであれば、on や ona は省くことができます。

je［イェ］は、「彼」「彼女」で言い換えられる人ひとりが主語のとき、あるいは「それ」「そのこと」で言い換えられる単数の物や事柄が主語のときの「である」です。

je の否定形「ではない」は **není**［ネニー］という特別な形になります。チェコ語ではふつう、動詞の前に ne- を付ければそれだけで否定形になりますが、この není だけは唯一の例外です。

🛟 「～さん」には3通りある

チェコ語の「～さん」は次のように3通りあり、名前や姓の前に付けます。

pan［パン］	男性に対して	pan Jan Novák	ヤン・ノヴァークさん
paní［パニー］	既婚女性に対して	paní Jana	ヤナさん
slečna［スレチュナ］	未婚女性に対して	slečna Černá	チェルナーさん

🛟 to は「これ・それ」、co は「何」、kdo は「誰」

自分の周辺にある物や人を指して「これ」や「それ」と言う場合は、**to**［ト］を使います。ですから To je ... で「これ（それ）は…です」となります。

co［ツォ］は「何」、**kdo**［グド］は「誰」という意味で、このような〈疑問詞〉は文の最初に言うのが普通です。❹のように Co je to? で「これ（それ）は何

ですか」となりますが、Co to je? と言っても意味は変わりません。❶❷のような〈はいかいいえかを問う疑問文〉と違い、❸❹のような〈疑問詞のある疑問文〉では文末のイントネーションを上げる必要はありません。

1 日本語訳に合わせて、次の空欄を埋めましょう。

1 .... je studentka?　彼女は学生ですか？　○ studentka　学生〔女性〕
2 On .... student.　彼は学生ではありません。
3 .... je to?　これは何ですか？
4 To je .... Nováková.　こちらはノヴァーコヴァー夫人です。
5 .... Novák je učitel.　ノヴァークさんは教師です。

2 次のチェコ語の意味を考えてみましょう。

1 Ona není studentka.
   オナ　ネニー　ストゥデントゥカ
2 Kdo je Karel Gott?　○ Karel Gott　チェコの国民的歌手
   グド　イェ　カレル　ゴット
3 To je slečna Nováková.
   ト　イェ　スレチュナ　ノヴァーコヴァー
4 Pan Černý je Slovák.　○ Slovák　スロヴァキア人〔男性〕
   パン　チェルニー　イェ　スロヴァーク

3 次の日本語をチェコ語に訳してみましょう。男女の区別に気をつけましょう。

1 彼女はチェコ人ではありません。スロヴァキア人です。
　　　　　　　　　　　　　　　　○ Slovenka　スロヴァキア人〔女性〕

2 こちらはカレル (Karel) さんです。　○ Karel は男性の名前です。

3 彼女はペトラ (Petra) さんです。　○ このペトラさんは未婚とします。

4 これはプレゼントです。　○ dárek　プレゼント

5 ヤナ・ノヴァー (Jana Nová) 夫人は教師です。　○ učitelka　教師〔女性〕

第3課 私たちは家にいます

❶ Kde jsi?
　グデ　スィ
君はどこにいるの？

❷ My jsme doma.
　ミ　スメ　ドマ
私たちは家にいます。

❸ Oni nejsou tady.
　オニ　ネイソウ　タディ
彼らはここにはいませんよ。

kde どこに・どこで　doma 家に・で　tady ここに・で

「私」や「あなた」などの語のことを人称代名詞と言いますが、ここでチェコ語の人称代名詞を一覧で見てみましょう。

já [ヤー] 私	my [ミ] 私たち
ty [ティ] 君	vy [ヴィ] あなた・あなたがた・君たち
on [オン] 彼 ／ ona [オナ] 彼女	oni [オニ] 彼ら ／ ony [オニ] 彼女たち

ty は家族や友人など親しい相手に対する「君」「お前」を表します。vy はまだ打ち解けていない相手や目上の人に対する「あなた」のことでしたが、ややこしいことに、実は vy には三通りあります。

　　　　　(1)あなた　(2)あなたがた　(3)君たち

(1)はもういいとして、(2)は「あなた」が二人以上、(3)は「君（つまり ty）」が二人以上、ということです。

一番右下の ony はその人たち全員が女性の場合にのみ使い、中に男性が一人でも存在すれば oni の方を用いるという決まりになっています。

 ## チェコ語の be 動詞は být

英語の *am, are, is* に *be* という原形があるのと同様に、チェコ語の jsem や jste にも být という原形があります。

být ～である；いる・ある		být の否定　～ではない；いない・ない	
(já) **jsem** [セム／イセム]	(my) **jsme** [スメ／イスメ]	(já) **nejsem** [ネイセム]	(my) **nejsme** [ネイスメ]
(ty) **jsi** [スィ／イスィ]	(vy) **jste** [ステ／イステ]	(ty) **nejsi** [ネイスィ]	(vy) **nejste** [ネイステ]
(on/ona) **je** [イェ]	(oni) **jsou** [ソウ／イソウ]	(on/ona) **není** [ネニー]	(oni) **nejsou** [ネイソウ]

第2課で見たように、je は人ひとりや単数の物が主語のときに使います。同様に jsou は複数の人や複数の物が主語のときに使います。

　být は「〜である」だけでなく、「（どこそこに）いる・ある」のような"存在"を表す働きもします。❶〜❸の být はすべてこれです。

 1 日本語訳に合わせて、次の空欄を埋めましょう。

1　Oni .... doma.　彼らは家にいますよ。

2　..................... student?　君は学生なの？

3　Slečna Eva .... studentka.　エヴァさんは学生です。

4　..................... je Pavel?　パヴェルはどこにいますか？

5　Tady .... Eva.　ここにはエヴァはいません。

 2 次のチェコ語の意味を考えてみましょう。

1　Ty jsi Japonec?
　　ティ スィ ヤポネッツ

2　Kdo je pan Novák?
　　グド イェ パン ノヴァーク

3　Tady není slečna Černá.
　　タディ ネニー スレチュナ チェルナー

4　Eva a Pavel jsou tady.
　　エヴァ ア パヴェル ソウ タディ

3 次の日本語をチェコ語に訳してみましょう。

1　ヴィエラ（Věra）はどこにいますか？　○ Věra は女性の名前です。

2　彼らは家にいません。

3　〔男性に向かって〕君はチェコ人なの？

4　ノヴァーコヴァー（Nováková）夫人は家にいます。

5　ここにはチェルニー（Černý）氏はいません。

基本のあいさつ

まずはチェコ語の主なあいさつ表現を学びましょう。これらはすべて一語のように、一息に発音します。

Dobrý den.［ドブリー デン］こんにちは。
日本語の「こんにちは」にあたる表現ですが、朝から日没まで使うことができます。

Dobrý večer.［ドブリー ヴェチェル］こんばんは。
日が暮れてきたら Dobrý den ではなくこちらを使いましょう。

Dobré ráno.［ドブレー ラーノ］おはようございます。
朝のあいさつとしては Dobrý den も使いますが、特に早い時間（だいたい9時頃まで）のあいさつとしてはこちらも使います。

Dobrou noc.［ドブロウ ノッツ］おやすみなさい。
就寝の直前、または夜遅くに別れる際のあいさつです。

Na shledanou.［ナスフレダノウ／ナズフレダノウ］さようなら。
一般的な別れのあいさつです。sh のつづりは、第0課で学んだ発音の規則にしたがえば［zh（ズフ）］と読むはずで、実際にモラヴィア地方ではそのように発音されることが普通です。これに対してボヘミア地方では一般に sh のつづりは［sch（スふ）］と発音されます。

以上はすべて丁寧な表現で、初対面の相手や目上の人に対してはこれらを使うのが無難です。ただし悪く言えば堅苦しい表現でもありますので、友人など打ち解けた相手には次のような表現を使いましょう。

Ahoj!［アホイ］/ **Čau!**［チャウ］やあ！・じゃあね！
出合い頭に「やあ」として、または別れ際に「じゃあね」として使います。

Nashle!［ナスふレ／ナズフレ］さよなら！
Na shledanou の短縮形です。これは目上の人に使っても問題ありません。

今度はチェコ語の感謝の表現を学びましょう。

Děkuju. ［ぢぇクユ］ / **Děkuji.** ［ぢぇクイィ］　ありがとう（ございます）。
　もっとも一般的なチェコ語での感謝の言葉です。形が二つありますが、前者の方がより日常的な表現で、後者はやや形式ばった印象を与えます。

Dík! ［ぢーク］ / **Díky!** ［ぢーキ］　ありがと！
　どちらも非常にくだけた表現で、友人同士や家族間など親しい間柄でのみ使います。目上の人に使ってはいけません。

Není zač. ［ネニー ザッチュ］ / **Prosím.** ［プロスィーム］　どういたしまして。
　「ありがとう」に対する返しの言葉です。

　円滑に日常生活を送るために、謝る表現もぜひ覚えておきましょう。

Promiňte. ［プロミンテ］　すみません。
　日本語の「すみません」にあたる表現で、「ごめんなさい」と謝る際にも、またお店で店員などに呼びかける際にも使います。呼びかけの場合には、Promiňte, prosím (vás) のように prosím (vás)［プロスィーム（ヴァース）］を付けると丁寧さが増します。
　ほかの軽い謝りかたとして、Pardon［パルドン］「失礼」も便利な表現です。

Prosím のいろいろな使いかた

　Prosím は、(1)物を勧めたり動作を促す際の「どうぞ」、(2)何かを頼む際の「お願いします」、(3)「ありがとう」に対する「どういたしまして」、といった具合に、使う場面によってさまざまな意味になります。また相手の言ったことがよく聞こえなかったときに Prosím? と疑問形で言えば、「何と言ったんですか？（もう一度言ってください）」という意味になります。
　また prosím に vás［ヴァース］を付けた Prosím vás は、目上の人に対する「すみません〔呼びかけ〕」や「どうぞお願いします」といった意味合いになり、tě［ちぇ］を付けた Prosím tě は、親しい相手に対する「ねえ」や「頼むよ」といった意味を持ちます。

第4課 これが新しい家です

> ❶ To je nový dům.
> トイェノヴィードゥーム
> これが新しい家です。
>
> ❷ To je nová kniha.
> ノヴァー クにハ
> これが新しい本です。
>
> ❸ To je nové auto.
> ノヴェー アウト
> これが新しい車です。
>
> ❹ Praha je hlavní město.
> プラハ フラヴにー ムニェスト
> プラハは首都（＝主要な都市）です。

Praha プラハ〔地名〕　město 街、都市

🛟 名詞は男性名詞・女性名詞・中性名詞に分かれる

　チェコ語の名詞には〈文法上の性〉があり、どの名詞も必ず男性名詞・女性名詞・中性名詞のいずれかに属します。原則として、人間の男性を表す語なら男性名詞、人間の女性を表す語なら女性名詞になりますが、たとえば「水」や「時間」などのような物や概念には、もちろん自然な性別というものはありません。そこでチェコ語では、その語がどのような音で終わるかによって性を決めます。

男性名詞	女性名詞	中性名詞
語の最後が子音	語の最後が a	語の最後が o か í
dům　家 čas　時間	kniha　本 voda　水	auto　車 náměstí　広場

　実は〈a で終わる男性名詞〉や〈子音で終わる女性名詞〉なども存在しますが、それらについてはまた後で学びましょう。

🛟 形容詞は名詞の性に合わせて形が変わる

　チェコ語の形容詞には、(1)元の形（＝辞書の見出しとなる形）が ý で終わるもの、(2)元の形が í で終わるもの、の2種類があります。そして(1)は、❶〜❸のようにどの性の名詞に付くかで形が変わります。(2)はどの性の名詞に付くときも形は共通です。

元の形	男性名詞に付くとき	女性名詞に付くとき	中性名詞に付くとき
(1) nový　新しい	nový	nová	nové
(2) hlavní　主要な	hlavní （どの性の名詞に付いても形は変わらない）		

❸の「新しい車」のように「○○な××」と言う場合、形容詞は名詞の前に付けて、nové auto となります。また「車は新しい」のように「××は○○だ」と言う場合も、形容詞は auto という名詞の性に対応させます。つまり Auto je nové となります。

また já「私」, ty「君」, vy「あなた」が主語になる場合は、その人が男性なら形容詞も男性名詞用の形を、その人が女性なら女性名詞用の形を使います。

1 次の形容詞を、適切な形に変化させましょう。

1 nový 新しい： Je to .... kniha? それは新しい本ですか？

2 dobrý 良い： To je .... auto. あれはいい車だね。

3 dobrý： To je .... park. これはいい公園だ。　○ park 公園

4 nový： Kde je .... banka? 新しい銀行はどこですか？
　　　　　　　　　　　　　　　　　　　　　　　　　　　○ banka 銀行

5 krásný 美しい： Praha je .... プラハは美しい。
　クラースニー

2 次のチェコ語の意味を考えてみましょう。

1 To je nová učitelka.
　トイェノヴァー ウチテルカ

2 Tady je krásný park.
　タディ イェ クラースニー パルク

3 Kde je hlavní nádraží?　○ nádraží ターミナル駅
　グデイェ フラヴニー ナードラジー

4 Já jsem unavená.　○ unavený 疲れている　●主語＝já の性別を考えてみましょう。
　ヤー セム ウナヴェナー

 3 次の日本語をチェコ語に訳してみましょう。

1 新しい公園はどこですか？

....

2 新しい先生は疲れています。　○ učitel 先生〔男性〕

....

3 東京は首都です。　○ Tokio〔トキオ〕東京

....

4 プラハは良い都市です。

....

第 5 課 この家は新しくて、あの家は古い

❶ **Tenhle dům je nový a ten dům je starý.** この家は新しくて、あの家は古い。
　テンフレ　ドゥーム　イェ　ノヴィー　ア　テン　　　　　　スタリー

❷ **Tahle mapa je nová.** この地図は新しい。
　タフレ　マパ　　　ノヴァー

❸ **To auto je nové.** あの車は新しい。
　ト　アウト　ノヴェー

a そして　starý 古い　mapa （広域）地図

🛟 ten, ta, to で「あの・その」を表す

チェコ語で「あの車」や「その本」と言う場合、「車（auto）」や「本（kniha）」という名詞の性に応じて、「あの・その」にあたる部分の形が変わります。

「あの・その」		
男性名詞に付くとき	女性名詞に付くとき	中性名詞に付くとき
ten［テン］	**ta**［タ］	**to**［ト］

たとえば auto「車」は o で終わっているので中性名詞です。したがって「あの車」は **to** auto となります。また kniha「本」は a で終わる女性名詞なので、「その本」は **ta** kniha となります。なお、状況や文脈によって ten, ta, to が日本語の「あの」と「その」どちらも表します。

🛟 -hle か -to を加えて「この」を表す

ten, ta, to のうしろに -hle または -to を付けると、「この」の意味になります。〈-hle 形〉は日常の話し言葉で使い、〈-to 形〉は主に書き言葉で用います。

「この」（上段が口語的、下段が文語的）		
男性名詞に付くとき	女性名詞に付くとき	中性名詞に付くとき
tenhle［テンフレ］	**tahle**［タフレ］	**tohle**［トフレ］
tento［テント］	**tato**［タト］	**toto**［トト］

※〈-to 形〉を会話で使うこともできますが、やや改まった印象を与えます。

中性名詞に付くときの形である tohle や toto は「これ」の意味でも使われます。一方、第 2 課で学んだ Co to je? や To je ～の to は守備範囲がかなり広く、状況や文脈によって「これ」「それ」「あれ」のどの意味でも使えます。

1 日本語訳に合わせて、次の空欄を埋めましょう。

1. ＿＿＿＿＿ kniha je stará.　この本は古い。
2. ＿＿＿＿＿ nádraží je staré.　あの駅は古い。
3. ＿＿＿＿＿ mapa je nová.　その地図は新しいね。
4. ＿＿＿＿＿ je nové auto.　これは新車なのさ。
5. Kdo je ＿＿＿＿＿ muž?　あの男の人は誰なの？　◦ muž [ムシュ] 男性

2 次のチェコ語の意味を考えてみましょう。「あの・その」と「この」の違いに注意しましょう。

1. Tohle je krásný park!
   トフレイェ クラースニー パルク
2. Kdo je ta žena?　◦ žena 女性
   グド イェ タ ジェナ
3. Ten pes je Filip.　◦ pes 犬
   テン ペス イェ フィリップ
4. Tahle černá kočka je Tama.　◦ černý 黒い　◦ kočka 猫
   タフレ チェルナー コチュカ イェ タマ

3 次の日本語をチェコ語に訳してみましょう。

1. この映画館は古い。　◦ kino 映画館

2. あの学校は新しい。　◦ škola 学校

3. これは大きな駅だね。　◦ velký 大きい

4. この犬は大きいね。

5. あの猫はかわいいね。　◦ pěkný [ピエクニー] 素敵な、かわいい

第6課 こちらは私の兄です

❶ Tohle je můj bratr.
　トフレ　イェ　ムーイ ブラトゥル
こちらは私の兄です。

❷ Je to vaše sestra?
　　　　ヴァシェ セストゥラ
あちらはあなたの妹さんですか？

❸ Její bratr je učitel.
　イェイー　　　　 ウチテル
彼女の弟は教師です。

❹ Jeho sestra je učitelka.
　イェホ　　　　　ウチテルカ
彼のお姉さんは教師なんですよ。

bratr 兄／弟　sestra 姉／妹

🛟 所有形容詞「誰それの」も名詞の性によって形が変わる

　チェコ語で「私の家」や「君の車」などと言うときは、「家（dům）」や「車（auto）」という名詞の性に応じて、「私の」「君の」の部分の形が次のように変化します。女性名詞に付くときと中性名詞に付くときの形は同じになります。

	男性名詞に付くとき	女性名詞に付くとき	中性名詞に付くとき
私（já）の	**můj**［ムーイ］	**moje**［モイェ］	**moje**［モイェ］
君（ty）の	**tvůj**［トゥヴーイ］	**tvoje**［トゥヴォイェ］	**tvoje**［トゥヴォイェ］
私たち（my）の	**náš**［ナーシュ］	**naše**［ナシェ］	**naše**［ナシェ］
あなた（がた）／君たち（vy）の	**váš**［ヴァーシュ］	**vaše**［ヴァシェ］	**vaše**［ヴァシェ］

　上のような〈所有形容詞〉は、**můj** dům「私の家」、**tvoje** auto「君の車」のように名詞の前に付けます。また「その車は私のだ」のように言う場合も、auto という名詞の性に形を対応させますから、To auto je **moje** となります。また［tvůj - tvoje - tvoje］と［váš - vaše - vaše］の使い分けは、第3課で見た ty と vy の使い分けと同じように考えてください。

　一方、「彼の」「彼女の」「彼らの」は、どの性の名詞に付くときも形が変わりません。

	どの性の名詞に付くときも形は同じ
彼（on）の	**jeho**［イェホ］
彼女（ona）の	**její**［イェイー］
彼ら（oni）／彼女たち（ony）の	**jejich**［イェイッフ］

1 日本語訳に合わせて、次の空欄を埋めましょう。

1. .... auto je staré.　君の車は古いね。
2. .... učitel je mladý.　君たちの先生は若いんだね。　　○ mladý 若い
3. Tohle je .... kočka.　これはうちの（私たちの）猫です。
4. .... dům je nový.　彼らの家は新しい。
5. To je .... bratr.　あれは彼の弟だよ。
6. .... auto je nové.　彼女の車は新しいね。

2 次のチェコ語の意味を考えてみましょう。

1. Tady je moje vizitka.　○ tady ここに　○ vizitka 名刺
   タディ イェ モイェ ヴィズィトゥカ
2. Tohle je náš pes.
   トフレ イェ ナーシュ ペス
3. Kde je vaše auto?
   グデ イェ ヴァシェ アウト
4. Jejich dům je moderní.　○ moderní モダンな、最新式の
   イェイッフ ドゥーム イェ モデルニー

3 次の日本語をチェコ語に訳してみましょう。

1. あれは彼女の妹ですよ。

2. 私たちの先生〔女性〕は若いんです。

3. 君の犬はどこにいるの？

4. あなたがたの車はモダンですね。

5. これが彼の家ですよ。

第7課 何をしているんですか？

❶ Co děláte?
　ツォ ぢぇラーテ
（あなたは）何をしているんですか？

❷ Karel dělá domácí úkol.
　カレル ぢぇラー ドマーツィー ウーコル
カレルは宿題をしている。

❸ Co říkáš?
　ヂーカーシュ
君は何を言ってるんだい？

❹ Máme auto.
　マーメ
私たちは車を持っています。

❺ Nemám čas.
　ネマーム　チャス
私は忙しい（直訳：私は時間を持っていない）。

domácí 家の　úkol 課題　říkat [ヂーカット] 言う　čas 時間

 -at / -át で終わる動詞の大部分は dělat 型の活用をする

　チェコ語では、私、君、彼…といった主語に応じて、動詞が形を変えていきます。このことを〈活用〉と言いますが、最初に学んだ動詞 být は完全な〈不規則活用〉で、jsem, jsi, je, jsme, jste, jsou という変化はそのまま覚えるしかありませんでした。しかしこのように変則的な活用をする動詞はごく少数で、それ以外の動詞は一定のパターンにしたがって規則的な活用をします。

　この〈規則活用〉のうち、まず初めに dělat「する・している」という動詞に代表される活用パターン（型）を学びましょう。下の表の通り、私（já）が主語なら -ám、君（ty）が主語なら -áš、単数の人や物が主語なら -á…といった具合に、最後の部分（語尾）が変化します。

dělat 型動詞の活用

dělat する・している　←主語に応じて最後の部分が変化する			
(já)	dělám [ぢぇラーム]	(my)	děláme [ぢぇラーメ]
(ty)	děláš [ぢぇラーシュ]	(vy)	děláte [ぢぇラーテ]
(on / ona)	dělá [ぢぇラー]	(oni)	dělají [ぢぇライー]

　原形が -at か -át で終わる動詞の大部分がこの〈dělat 型〉の活用をします。ただしまた後で学びますが、-at / -át で終わるのに別の活用型に属する動詞も存在しますから、それなりに注意が必要です。また「持っている」という意味の動詞 mít は例外で、原形は -at / -át で終わらないのに dělat 型の通りの活用をします。動詞 dát「あげる・与える」と一緒に、次ページの表で見てみましょう。

mít 持っている		dát あげる・与える	
mám	máme	dám	dáme
máš	máte	dáš	dáte
má	mají	dá	dají

1 日本語訳に合わせて、次の動詞を活用させましょう。

1 dělat する： .... domácí úkol?　君は宿題をしてるの？
2 dělat： Co tady .... ?　君たちはここで何をやってるんだ？
3 mít 持っている： .... auto.　私は車を持っています。
4 říkat 言う： Co .... Eva?　エヴァは何て言ってるの？
5 hledat 探す： Co .... ?　彼らは何を探しているの？

2 次のチェコ語の意味を考えてみましょう。

1 Hledám hlavní nádraží.
　フレダーム　フラヴニー　ナードラジー

2 Co říkají Petr a Eva?
　ツォ　ジーカイー　ペトゥル　ア　エヴァ

3 Děláme domácí úkol.
　ぢぇラーメ　ドマーツィー　ウーコル

4 Nemáš čas?　○ Nemáš čas? と否定形でたずねる方が、Máš čas? と肯定形でたずねるよ
　ネマーシュ　チャス　　　りも丁寧な印象になります。

3 次の日本語をチェコ語に訳してみましょう。

1 パヴェル（Pavel）は宿題をしない。

2 チェルニー（Černý）氏は忙しい。

3 お時間ありませんか？　○ vy（あなた）に対してたずねましょう。

4 彼女の弟は何て言ってるの？

第8課 チェコ語を話しますか？

① Mluvíte česky? あなたはチェコ語を話しますか？
　ムルヴィーテ　チェスキ

— Ano, mluvím. —はい、話します。
　アノ　ムルヴィーム

② Jana mluví japonsky velmi dobře. ヤナは日本語がとても上手に話せる。
　ヤナ　ムルヴィー　ヤポンスキ　ヴェルミ　ドブジェ

③ Mluvím česky jen trochu. 私は少ししかチェコ語が話せません。
　ムルヴィーム　チェスキ　イェン　トゥロフゥ

🛟 -it で終わる動詞は規則的に活用する

原形が -it で終わる動詞は、主語に応じて次のように活用します。原形が -it で終わっていれば、例外なくこの活用型に属します。

-it 型動詞の活用

mluv**it**　話す　←最後の部分が変化			
(já)	mluv**ím**［ムルヴィーム］	(my)	mluv**íme**［ムルヴィーメ］
(ty)	mluv**íš**［ムルヴィーシュ］	(vy)	mluv**íte**［ムルヴィーテ］
(on/ona)	mluv**í**［ムルヴィー］	(oni)	mluv**í**［ムルヴィー］

🛟 副詞は「どのように」を表す

副詞とは、簡単に言えば、「どのように」を伝えたいときに付け加える語です。

とても良く	良く・上手く	多少・いくらか	少しだけ（しか）
velmi dobře	dobře	trochu	jen trochu

これらはすべて副詞で、velmi は「とても・非常に」、jen は「ただ…だけ」という意味です。

また、ある言語を「話す」「話せる」と言いたい場合は、次のような「〜語で」という意味の副詞と mluvit を組み合わせて文をつくります。

チェコ語で	日本語で	英語で
česky	japonsky	anglicky

これらの〈言語を表す副詞〉は、次の課で登場する umět「できる」や rozumět「理解する」、さらに učit se「学ぶ」（第10課）といった動詞とも組み合わ

せて使えます。それぞれ「〜語ができる」「〜語がわかる」、また「〜語を学ぶ」といった意味になります。

 1 日本語訳に合わせて、次の動詞を活用させましょう。

1　mluvit 話す： ……………………… japonsky.　私は日本語を話します。
2　mluvit： 　Eva dobře ……………………… japonsky.　エヴァは日本語が上手に話せる。
3　mluvit： 　Oni dobře ……………………… anglicky.　彼らは英語が上手に話せる。
4　mluvit： ……………………… trochu česky.　私たちは多少チェコ語が話せます。
5　platit 支払う： ……………………… tady.　私たちはここで支払います。
　　プラチット
6　vařit 料理する：Mirek ……………………… dobře.　ミレクは料理が上手い。

 2 次のチェコ語の意味を考えてみましょう。

1　Mluvíš anglicky?
　　ムルヴィーシュ アングリツキ
2　Moje maminka mluví anglicky jen trochu.　◯ maminka　お母さん
　　モイェ　マミンカ　ムルヴィー アングリツキ イェン トゥロふウ
3　Jeho sestra mluví anglicky a německy.　◯ a …と　◯ německy ドイツ語で
　　イェホ セストゥラ ムルヴィー アングリツキ ア　ニェメツキ
4　Co vaříte?
　　ツォ ヴァジーテ

3 次の日本語をチェコ語に訳してみましょう。

語の順番についてはまた後で学びますから、とりあえず今はこれまでの例文にならって文をつくってください。

1　私のお父さんは多少ドイツ語が話せます。　◯ tatínek [タチーネック] お父さん

　　………………………………………………………………………………

2　私たちは日本語とチェコ語が話せます。

　　………………………………………………………………………………

3　私たちの先生〔女性〕は英語をとても上手に話します。

　　………………………………………………………………………………

4　私はチェコ語が上手に話せます。

　　………………………………………………………………………………

第9課 チェコ語は少ししかわかりません

❶ Rozumíte česky?
　ロズゥミーテ　チェスキ
　— Rozumím česky jen trochu.
　　ロズゥミーム　　　イェン トロフゥ
❷ Akina a Kenta umějí česky.
　　　　　　　　ウムニェイー
❸ Vidíš to auto?
　ヴぃぢーシュト　アウト

チェコ語はわかりますか？
ーチェコ語は少ししかわかりません。
明菜と健太はチェコ語ができる。
あの車が見えるかい？

rozumět [ロズゥムニェット] 理解する　česky チェコ語で（→第8課）

🛟 -et / -ět で終わる動詞は oni「彼ら」が主語のときに違いが出る

原形が -et または -ět で終わる動詞は、基本的には〈-it 型〉と同じ活用をします。つまり原形から et や ět を取り去って、-ím, -íš, -í, -íme, -íte... という語尾を付けるのです。次の表を第8課の mluvit の活用と比べてみてください。

slyšet 聞く・聞こえる		vidět 見る・見える	
slyším	slyšíme	vidím	vidíme
slyšíš	slyšíte	vidíš	vidíte
slyší	slyší [スリシー]	vidí	vidí [ヴぃぢー]

これらは〈-it 型〉の活用とまったく同じになりますね。

ただし次のように、原形が -et / -ět で終わる動詞で、主語が oni「彼ら」のときに -ejí / -ějí の語尾をとるものもあります。

sázet 植える		umět できる（能力がある）	
sázím	sázíme	umím	umíme
sázíš	sázíte	umíš	umíte
sází	sázejí (/ sází)※	umí	umějí (/ umí)※

※（ ）内の形もとりますが、-ejí / -ějí の方が日常的な形です。

原形が -et / -ět で終わる動詞が oni のときに -í となるか、はたまた -ejí / -ějí となるかは、いちいち辞書などで確認するしかありません。しかし oni -í となる方は、slyšet [スリシェット] や vidět [ヴぃぢぇット] のほかにも ležet [レジェット]「横たわっている」や sedět [セぢぇット]「座っている」など、基本的な動作を表

す動詞が多いという傾向があります。

このような -et / -ět で終わる動詞について、本書では必要に応じて巻末の単語リストで確認してください。

1 日本語訳に合わせて、次の動詞を活用させましょう。

1　rozumět　わかる：..................... anglicky.　私は英語がわかります。
2　umět　できる：..................... japonsky?　君は日本語ができるの？
3　bydlet　住む：　Kde .... Karel?　カレルはどこに住んでるの？
4　sedět　座る：　Kde .... Petr a Jana?　ペトルとヤナはどこに座ってるの？
5　slyšet　聞こえる：..................... něco?　（あなたは）何か聞こえますか？

○ něco［ニェツォ］何か

2 次のチェコ語の意味を考えてみましょう。

1　Vidíte ten dům?
　　ヴィヂーテ テン ドゥーム
2　Nerozumíš česky?
　　ネロズミーシュ チェスキ
3　Kde bydlí vaše sestra?
　　グデ ビドゥリー ヴァシェ セストゥラ
4　Kdo tady bydlí?　○ kdo「誰」が主語のとき、動詞は on「彼」が主語のときと同じ活用形
　　グド タディ ビドゥリー　　になります。

3 次の日本語をチェコ語に訳してみましょう。

1　君は英語できる？

....

2　そこには誰が座っているの？　○ tam「そこに」を2番目にしてください。

....

3　あなたがたはどちらにお住まいですか？

....

4　私たちはチェコ語ができます。

....

第10課 私はチェコ語を学んでいます

❶	Učím se česky. ウチーム セ チェスキ	私はチェコ語を学んでいます。
❷	Jana se učí japonsky. ヤナ セ ウチー ヤポンスキ	ヤナは日本語を学んでいます。
❸	Vrátím se domů. ヴラーチーム セ ドムー	私は家に帰ります。
❹	Pan Novák se vrátí domů. セ ヴラーチー	ノヴァーク氏は家に帰ります。
❺	Co si dáte? — Dám si čaj. ツォ スィ ダーテ　ダーム スィ チャイ	何を飲みますか？ーお茶を飲みます。

učit se česky　チェコ語を学ぶ（→第8課）　domů 副 家へ（向かって）　čaj お茶

🛟 se は「自分自身を」、si は「自分自身に」

se は「自分自身を」、si は「自分自身に」という意味の語で、次のように動詞とともに現れ、その動詞の意味に作用します。

vrátit	返す・戻す	⇒	vrátit se	（自分自身を戻す）→帰る・戻る
učit	指導する・教える	⇒	učit se	（自分自身を指導する）→学ぶ
dát	あげる・与える	⇒	dát si	（自分自身に与える）→飲む・食べる

ただし snažit se「努力する」や、všimnout si「気づく」といった動詞では、snažit や všimnout という単独の動詞は存在せず、もともと se や si の付いた動詞としてしか存在しません。これらはそのまま覚えてください。

🛟 se や si は〈2番目〉に置く

se や si は文の頭から数えて〈2番目〉の位置に置きます。そしてこの〈2番目〉のルールさえ守れば、ほかの部分はどのような語順にもなりえます。ですから、「私は家に帰る」は Vrátím se domů でも、Domů se vrátím でもいいのです。また「明菜は家に帰る」だと、Akina se vrátí domů でも、Vrátí se Akina domů でもいいですし、はたまた Akina se domů vrátí のように、vrátit と se が完全に離れてしまうこともあります。

ただし〈2番目〉と言っても、単語として2番目ということではなく、意味上のまとまりで考えますから、❹のようなことにもなるわけです。

どのような語順で文をつくっても、文の基本的な意味（伝わる事実）は変わ

りません。ただし語順はとても奥が深く、文のニュアンスを左右します。また語順によってはチェコ語として不自然に響くこともあります。このような語順の感覚は、たくさんのチェコ語に触れて意識的に身につけていかなければなりません。ここであえて簡潔に言ってしまえば、〈これから話題にする事柄〉を最初に、そして〈それについての新しい情報、聞き手に最も伝えたい情報〉を最後に言うことが原則です。

1 [ ] 内の語を並べ替えて文をつくり、その文の意味を言いましょう。文の頭となる語はあらかじめ指定してあります。

1 Učíme .... [česky se]
2 Můj .... [anglicky učí se bratr]
3 Dáme .... [čaj si]
4 Věra .... [dá víno si] ○ víno ワイン
5 Petr .... [se domů Jana vrátí a]

2 次のチェコ語の意味を考えてみましょう。

1 Kde se učíte japonsky?
  グデ
2 Co si dáš?
  ツォ
3 Kdo si dá čaj?
  グド
4 Kdy se domů vrátíš? ○ kdy いつ
  グディ

3 次の日本語をチェコ語に訳してみましょう。

1 君はチェコ語を学んでるの？

2 私の姉は英語を学んでいます。

3 お茶を飲まれますか？

4 私たちは家に帰ります。

チェコ語の「格」のしくみ

　チェコ語では、語の一番最後を変化させることで、「〜は」「〜の」「〜を」などを表します。明菜（Akina）について、下の表を見てください。

	対応する日本語	主な機能	例文
1格 (しゅかく) (主格)	〜は 〜が	その文の主語であることを表す	**Akina** je Japonka. アキナ　ヤポンカ 明菜は日本人です。
2格 (せいかく) (生格)	〜の	直前の語の所有者・所属先・属性を表す	To je auto **Akiny**. アキニ これは明菜の車です。
3格 (よかく) (与格)	〜に	間接目的語であることを表す	Dám to **Akině**. ダーム　ト　アキニェ これを明菜にあげます。
4格 (たいかく) (対格)	〜を	直接目的語であることを表す	Znám **Akinu**. ズナーム　アキヌ 私は明菜を知っています。
5格 (こかく) (呼格)	〜（よ）	呼びかけ	**Akino**！ アキノ 明菜よ！
6格 (ぜんちかく) (前置格)	—	前置詞のうしろに付く	Mluvíme o **Akině**. ムルヴィーメ　オ　アキニェ 私たちは明菜について話しています。
7格 (ぞうかく) (造格)	〜で	手段・方法を表す	（第18課で学びます）

znát 知っている

　アキニ、アキニェ、アキヌ、アキノ…のように、語そのものが変形してしまうので、最初は戸惑うかもしれません。しかしこれがチェコ語の大きな特性であり、本質を成す部分ですので、徐々に慣れていきましょう。

　また上の表はあくまでも「aで終わる女性名詞であるAkinaはこのように変化しますよ」ということであって、ほかのタイプの名詞はこの通りにはなりません。語末がaでない女性名詞はまた別の変化をしますし、またoで終わる中性名詞やíで終わる中性名詞には、やはりそれぞれ独自の変化の仕方があるのです。男性名詞にはさらに複雑な区分があり、なかなか大変です。

呼びかけの格＝5格

　ここではまず5格について見てみましょう。誰かに呼びかける際、チェコ語ではその人の名前を〈呼びかけ専用の形〉である5格に変化させます。次のように、その人の名前がどのような音で終わっているかで、変化のさせかたもそれぞれに異なります。最初は大変ですが、この5格はチェコ人と親しくなる上では欠かせませんから、少しずつ身につけていきましょう。

1) a で終わる名前（女性名・男性名・男性の姓）は、a を o に替える

　　Eva ⇒ Evo!〔女性名〕　　Jirka ⇒ Jirko!〔男性名〕
　　エヴァ　　エヴォ　　　　　イルカ　　イルコ

　　Kučera ⇒ Kučero!〔男性姓〕　　※ Jirka は Jiří［イジー］の愛称形です。
　　クチェラ　　クチェロ

2) 子音で終わる男性の名前には、e を足す（下の 3) 4) の場合を除く）

　　Jakub〔名〕⇒ Jakube!　　Václav〔名〕⇒ Václave!
　　ヤクブ　　　ヤクベ　　　　ヴァーツラフ　　ヴァーツラヴェ

　　Nedvěd〔姓〕⇒ Nedvěde!
　　ネドヴィエトゥ　ネドヴィエデ

　　ただし Petr［ペトゥル］は Petře!［ペトゥシェ］となり、-tr が -tře! となる例外的な変化をします。

3) k, ch, g, h で終わる男性の名前には、u を足す

　　Novák〔姓〕⇒ Nováku!　　Pepík〔名〕⇒ Pepíku!　　※ Pepík は Josef［ヨゼフ］
　　ノヴァーク　　ノヴァークゥ　　ペピーク　　ペピークゥ　　　（-s- は [-z-] と発音）の
　　　　　　　　　　　　　　　　　　　　　　　　　　　　　　愛称形です。

4) 軟音記号（ˇ）付きの文字や c, j, s, x で終わる男性の名前には、i を足す

　　Miloš〔名〕⇒ Miloši!　　Ondřej〔名〕⇒ Ondřeji!
　　ミロシュ　　　ミロシ　　　オンドゥジェイ　　オンドゥジェイィ

　　Alex〔名〕⇒ Alexi!
　　アレクス　　アレクスィ

◇ -el や -ek で終わる男性の名前は、5格ではこの e が消えます。

　　Pavel ⇒ Pavle!　　Mirek ⇒ Mirku!　　Zdeněk ⇒ Zdeňku!※
　　パヴェル　パヴレ　　ミレク　　ミルクゥ　　ズデニェク　　ズデンクゥ

　　　　　　　　※ n-ň の表記上の規則（→第0課）により、ě の軟音記号が ň に移ります。

◇ Lucie〔女性名〕などの上にあてはまらない名前や、-ý で終わる男性の姓、女性の姓（原則として -á で終わる）は、呼びかけのときでも形が変わりません。

◇ 敬称にも5格形があり、それぞれ pan ⇒ pane, paní ⇒ paní, slečna ⇒ slečno となります。特に pan の場合は、pan Novák ⇒ pane Novák! のように、pane の後は5格形にしないことが普通です。

◇ 敬称に役職名をつなげることもあり、たとえば profesorka「教授〔女性〕」に対して paní profesorko! と呼びかけることも一般的です。

第11課 これはプラハの地図だよ

❶ To je mapa Prahy.
　　　　　　プラヒ
これはプラハ(Praha)の地図だよ。

❷ Petr je hráč hokeje.
　　　　　フラーチュ ホケイエ
ペトルはホッケーの選手なんだ。

❸ To je fotka Jana a Hany.
　　　　　　　　ヤナ　　　ハニ
これがヤン(Jan)とハナ(Hana)の写真だよ。

❹ Tokio je hlavní město Japonska.
　トキオ　　フラヴニー ムニェスト ヤポンスカ
東京は日本の首都です。

hokej ホッケー　fotka 写真　Japonsko 日本

🛟 名詞の2格で「〜の」を表す

❶「プラハの地図」のようにチェコ語で「〜の」を表すには、その名詞（プラハ = Praha）を2格の形に変化させ、修飾する語（地図 = mapa）の後ろに置きます。2格形のつくりかたについて、まずは男性名詞から見てみましょう。

	男性活動体名詞（人・動物）		男性不活動体名詞（それ以外）	
最後の子音が⇒	軟子音以外	軟子音	軟子音以外	軟子音
1格（元の形） ↓ 2格「〜の」	bratr　兄/弟 ↓ bratr**a**	hráč　選手 ↓ hráč**e**	park　公園 ↓ park**u**	čaj　茶 ↓ čaj**e**
	+a	+e	+u	+e

男性名詞はまず、人間や動物（=活動体）とそれ以外（=不活動体）を区別します。そしてさらに、最後の子音が次のどちらであるかを確認します。

軟子音以外 = b, d, f, g, h, ch, k, m, n, p, r, t, v
軟子音 = 軟音記号（ˇ）の付いた子音（č, ď, ň, ř, š, ť, ž）と c, j

ただし上にないlやs, zはどちらにもなりえます。これらで終わる男性名詞については、語ごとに辞書などで変化タイプを確認しましょう。
女性名詞と中性名詞には活動体・不活動体の区別はありません。

	女性名詞（-a）	中性名詞（-o）	中性名詞（-í）
1格（元の形） ↓ 2格「〜の」	sestr**a**　姉/妹 ↓ sestr**y**	aut**o**　車 ↓ aut**a**	nádraž**í**　駅 ↓ nádraž**í**
	a ⇒ y	o ⇒ a	変化なし

1 次の語を2格の形に変化させ、文の意味を言いましょう。

1 Brno　ブルノ〔地名〕：　　To je mapa ....
2 park　公園：　　　　　　 To je fotka ....
3 Jana　ヤナ〔女性名〕：　　To je fotka Petra a ....
4 čeština　チェコ語：　　　 On je učitel ....
5 Česko　チェコ：　　　　　Tady je mapa ....

2 次のチェコ語の意味を考えてみましょう。

1 Tohle je mapa Japonska.
2 Pavel je dobrý hráč fotbalu.　　○ fotbal　サッカー
3 Praha je hlavní město Česka.
4 Tahle fotka Prahy je krásná.　　○ krásný　美しい
5 Ten slovník češtiny je moc dobrý.　　○ slovník　辞書　○ moc〔副〕とても

3 次の日本語をチェコ語に訳してみましょう。

1 これはオロモウツ（Olomouc〔地名〕）の地図です。

2 これはトマーシュ（Tomáš）とエヴァ（Eva）の写真です。

3 ヴィエラ（Věra）は日本語の先生です。　　○ japonština　日本語

4 これは日本語の辞書です。

5 ワルシャワ（Varšava）はポーランド（Polsko）の首都です。

第12課 コーヒーを飲みますか、それとも紅茶？

❶ Dáte si kávu, nebo čaj?　　　　コーヒーを飲みますか、それとも紅茶？
　　ダーテ スィ カーヴ　ネボ チャイ

　— Já si dám kávu.　　　　　　　—私はコーヒーをいただきます。
　　　ヤー　　ダーム

❷ Mám bratra a sestru.　　　　　私には兄（／弟）と姉（／妹）がいます。
　　マーム ブラトゥラ ア セストゥルゥ

❸ Znáte Karla?　　　　　　　　　カレル（Karel）をご存知ですか？
　　ズナーテ カルラ

　　　　　　　　　　　　　　　　káva コーヒー　nebo または　znát 知っている

🛟 名詞の4格で「〜を」を表す

❶の「コーヒーを」のようにチェコ語で「〜を」を表すには、次のように名詞をそのタイプに応じて4格の形に変化させます。

	男性活動体名詞（人・動物）		男性不活動体名詞（それ以外）	
最後の子音が⇒	軟子音以外	軟子音	軟子音以外	軟子音
1格（元の形） ↓ 4格「〜を」	bratr ↓ bratr**a**	hráč ↓ hráč**e**	park ↓ park	čaj ↓ čaj
	+a	+e	変化なし	

	女性名詞（-a）	中性名詞（-o）	中性名詞（-í）
1格（元の形） ↓ 4格「〜を」	sestra ↓ sestr**u**	auto ↓ auto	nádraž**í** ↓ nádraž**í**
	a ⇒ u	変化なし	

🛟 最後の音節の e は消えることがある

元の形（＝ 1 格形）の最後が子音で、かつ最後から二文字目が e である名詞は、格変化によって何らかの語尾が付くと、たいていの場合この e が消えます。❸の Karel が 4 格形で Karla となるのはこのためです。

例）Pavel〔名〕⇒ Pavla　Hájek〔姓〕⇒ Hájka　Japonec 日本人 ⇒ Japonce

ただし soused「隣人」⇒ souseda，učitel「教師」⇒ učitele などのように e が消えないものもあります。これらはひとつずつ覚えるしかありませんが、ほと

んどの辞書には見出し語に続いて2格形が併記されており、これでeが消えるかどうかが判断できます。本書では今後、必要なときに2格形を併記しますから、気をつけてくださいね。

1 次の語を4格の形に変化させ、文の意味を言いましょう。

1 pivo ビール：　　　　　Dáš si .... ?
2 auto 車：　　　　　　　Kde máš .... ?
3 mapa 地図：　　　　　　Máte .... Prahy?
4 Tomáš〔男性名〕：　　　Znám ....
5 Mirek, -rka〔男性名〕：　Znáš pana .... ?

- 「Mirek, -rka」は「Mirek の2格形は Mirka になる」という意味です。またたとえば「soused, -a」ならば「2格形は souseda になる（単にaを足すだけ）」ということです。
- 敬称の pan は男性活動体名詞（最後が軟子音以外）と同じ変化をします。

2 次のチェコ語の意味を考えてみましょう。

1 Dáme si čaj?
2 Nemáš mapu Olomouce?
3 Neznáš pana Hájka?
4 Máte sestru?

3 次の日本語をチェコ語に訳してみましょう。

1 ビールを飲む、それともワイン？　　○ víno ワイン

2 パヴェル（Pavel）には兄がいる。

3 私はカレル・ハーイェク（Karel Hájek）氏を知っています。

4 私は日本の地図を持っています。　　○ Japonsko 日本

5 ヤナさん（slečna Jana）をご存知ですか？　　○ slečna も格変化します。

第13課 私には姉がいます

❶ Mám novou knihu.　　　私は新しい本を持っています。
　　　クニフゥ
❷ Mám české auto.　　　　私はチェコの車を持っています。
　　　チェスケー　アウト
❸ Mám staršího bratra.　　私には兄がいます。
　　　スタルシーホ
❹ Mám starší sestru.　　　私には姉がいます。
　　　スタルシー

český チェコの　starší 年上の

形容詞も名詞の格に合わせて変化する

名詞に形容詞が付いている場合、名詞と同時に形容詞も性と格ごとに形を変化させなければなりません。❶～❹では mám「（私は）持っている」のうしろで名詞が「～を」を表す4格になっており、その前に付く形容詞もそれぞれの名詞の性に応じた4格の形に変化しています。

下の表は、そのように形容詞が4格形になるときの変化を示しています。

形容詞の4格形		男性名詞の…		女性名詞に付くとき	中性名詞に付くとき
		活動体に付くとき	不活動体に付くとき		
〈-ý 型〉	1格形 ↓ 4格形	nový ↓ nového	nový ↓ nový	nová ↓ novou	nové ↓ nové
		ý ⇒ ého	変化なし	á ⇒ ou	変化なし
〈-í 型〉	1格形 ↓ 4格形	hlavní ↓ hlavního	hlavní ↓ hlavní	hlavní ↓ hlavní	hlavní ↓ hlavní
		í ⇒ ího	変化なし	変化なし	変化なし

実は男性不活動体と中性では、下のように1格と4格で形容詞や名詞の形がまったく変わりません。ですからこれらが1格なのか4格なのかは、文の構造や文脈から判断しなければなりません。

　　　nový park〔1格〕⇒ nový park〔4格〕　　nové auto〔1格〕⇒ nové auto〔4格〕

対して男性活動体と女性では、次ページの例のように1格と4格で形にちゃんと差が出ます。

–ý 型： nov**ý** hráč 〔1格〕 ⇒ nov**ého** hráč**e** 〔4格〕
　　　　 nov**á** kniha 〔1格〕 ⇒ nov**ou** knih**u** 〔4格〕
–í 型： starš**í** bratr 〔1格〕 ⇒ starš**ího** bratr**a** 〔4格〕
　　　　 starš**í** sestra 〔1格〕 ⇒ starš**í** sestr**u** 〔4格〕

1 次の形容詞を4格の形に変化させ、文の意味を言いましょう。

1　mladší 年下の： Mám ＿＿＿＿＿＿＿＿ bratra.
　　ムラトゥシー
2　černý 黒い： Dám si ＿＿＿＿＿＿＿＿ pivo.
3　černý ： Dáš si ＿＿＿＿＿＿＿＿ kávu?
4　černý ： Máme doma ＿＿＿＿＿＿＿＿ psa.　　○ pes 犬（e が消える）
5　zelený 緑の： Nemáte ＿＿＿＿＿＿＿＿ čaj?

2 次のチェコ語の意味を考えてみましょう。

1　Máte staršího bratra?
2　Dáte si české pivo?
3　Jeho starší sestra má moderní auto.
4　Nemám dobrý český slovník.
　　　　○ český は「チェコの」以外に、「チェコ人の」や「チェコ語の」という意味にもなります。

3 次の日本語をチェコ語に訳してみましょう。

1　彼には妹がいます。

2　パヴェル（Pavel）は黒猫を飼っています。　○ kočka 猫

3　私にはチェコ人の友達がいます。　○ český チェコ人の　○ kamarád 友人〔男性〕

4　ミネラルウォーターを飲みますか？　○ minerální voda ミネラルウォーター

5　私たちは日本の車を持っています。　○ japonský 日本の

第14課 プラハはとても気に入ってます

> ❶ **Koupím mu dárek.** 私は彼にプレゼントを買います。
> コウピーム　ム　ダーレク
>
> ❷ **Praha se mi moc líbí.** プラハはとても気に入ってます。
> 　　セ　ミ　モッツ　リービー
>
> ❸ **Je ti horko? — Ne, není mi horko.** 暑い？ーいや、暑くないよ。
> イェチ　ホルコ　　　ネ　ネニー

koupit 買う　dárek, -rku プレゼント　moc 副 とても

🔘 人称代名詞の3格で「私に」「あなたに」を表す

「私に」「君に」などを表すには以下の語を使います。それぞれ、人称代名詞 já や ty などの3格形です。これらは原則として、文の中で〈2番目〉の位置に来ます。つまり第10課で学んだ se や si と同じように考えればいいわけですが、もしひとつの文の中に se が同時に現れる場合には、これら人称代名詞の3格形は se のうしろに来ます。

私(já)に	君(ty)に	彼(on)に	彼女(ona)に
mi	ti [チ]	mu	jí [イィー]

私たち(my)に	あなた(がた)/君たち(vy)に	彼ら(oni)に
nám	vám	jim [イィム]

3格には「〜にとって」という意味もあり、次のように使われます。

3格と結びつく動詞とともに用いて

　chutnat：「(食べ物が) 人にとっておいしい、口に合う」という意味の動詞で、食べ物が主語(1格)、人が3格になります。

　　　Chutná mi české jídlo.　私にとってチェコ料理はおいしい。　　jídlo 料理

　líbit se：「ものや事柄(1格)が人(3格)にとって好ましい、気に入っている」という意味の動詞です。se があるので語順に気をつけましょう。

　　　Líbí se nám Praha.　私たち(に)はプラハが気に入っています。

[je / není ＋人の3格＋副詞] で、体調や天候を表す

　❸のように、その人(3格)にとっての状況や体調などがどのようであるかを、je「〜である」や není「〜ではない」と副詞を組み合わせて表すことができます。次の dobře, špatně, horko, zima はすべて副詞です。

　　体調・気分：Je mi dobře / špatně.　私は(私にとって)体調が良い／悪い。
　　天候・気温：Je mi horko / zima.　私は(私にとって)暑い／寒い。

1 日本語訳に合わせて、次の空欄を埋めましょう。

1　Dáš .... dárek?　彼にプレゼントをあげるの？
2　Koupím .... šperk.　彼女にアクセサリーを買うよ。　○ šperk アクセサリー
3　Chutná .... české pivo?　〔ty にたずねて〕チェコのビールはおいしい？
4　Líbí se .... Brno?　彼らはブルノが気に入っているのかな？
5　Není .... dobře?　（あなたは）ご気分がすぐれないんですか？

2 次のチェコ語の意味を考えてみましょう。

1　Tatínek mi koupí nové auto.
2　Japonské pivo nám nechutná.
3　Líbí se ti ta česká kniha?
4　Ten šperk se mi vůbec nelíbí.　○ vůbec まったく、全然（…ない）
5　Je vám zima? － Ano, je mi zima.

3 次の日本語をチェコ語に訳してみましょう。

1　彼女にプレゼントをあげます。

2　君に日本語の辞書を買ってあげる。　○ japonský 日本（語）の　○ slovník 辞書

3　私たちはオストラヴァ（Ostrava〔地名〕）が気に入っています。

4　和食は君の口に合うかい？

5　私は気分が悪いです。

第15課 チェコ語は楽しいです

> ❶ Tam je slečna Nováková.　　あそこにノヴァーコヴァーさんがいます。
> 　　スレチュナ　ノヴァーコヴァー
> 　Znáte ji?　　彼女をご存知ですか？
> 　ズナーテ イィ
> ❷ Čeština mě baví.　　私にはチェコ語が楽しいです。
> 　チェシュチナ ムニェ バヴィー
> ❸ Bolí vás hlava?　　頭が痛いんですか？
> 　ボリー ヴァース フラヴァ

　　　　　　　　　　　tam 副 そこに　znát 知っている　čeština チェコ語　hlava 頭

🛟 人称代名詞の4格で「私を」「あなたを」を表す

「私を」「君を」などを表すには、下のような人称代名詞の4格形を使います。これも原則として〈2番目〉の位置に来ますが、同じ文の中に si がある場合はこのうしろに置きます。

私(já)を mě［ムニェ］	君(ty)を tě［チェ］	彼(on)を ho	彼女(ona)を ji［イィ］
私たち(my)を nás	あなた(がた)／君たち(vy)を vás		彼ら(oni)を je［イェ］

4格を求める動詞の中でも、日本語とは発想が異なり、特に使いかたに注意が必要なものを紹介します。

bavit：「人を楽しませる」という意味の動詞で、❷のように「楽しませるもの」が主語（1格）で、人が4格になります。

bolet：「(体の特定の部位が) 痛みで人を苦しませる、痛がらせる」という意味の動詞です。❸のように「痛む箇所」が主語（1格）で、人は4格になります。

女性の名字のつくられかた

女性の名字は、自身の父親や夫の名字から、次のようにつくられます。

男性の姓	女性の姓
Novák［ノヴァーク］最後が子音	⇒ Nováková［ノヴァーコヴァー］+ ová
Hájek［ハーイェク］消える e を持つ	⇒ Hájková［ハーイコヴァー］e を抜き、+ ová
Svoboda［スヴォボダ］最後が a	⇒ Svobodová［スヴォボドヴァー］ 　a を取り、+ ová
Černý［チェルニー］最後が ý	⇒ Černá［チェルナー］ý を á に替える

1 日本語訳に合わせて、次の空欄を埋めましょう。

1. To je Mirek. Znáte ....? あれはミレクです。彼をご存知ですか？
2. Petr a Hana? Neznám .... ペトルとハナ？ 彼らを知りません。
3. Baví .... ten film? 〔ty にたずねて〕その映画、面白い？ ○ film 映画
4. Fotbal .... baví. 私たちにはサッカーが楽しい。
5. Bolí .... zub. 私は歯が痛い。 ○ zub 歯

2 次のチェコ語の意味を考えてみましょう。

1. To je nová učitelka. Už ji znáš? ○ už 副 もう、すでに
2. Tam je Pavel. Vidíš ho?
3. Tam sedí Petr a Jana. Vidíte je? ○ sedět 座っている ○ vidět 見る、見える
4. Baví vás japonština?
5. Bolí mě pravá noha. ○ pravý 右の ○ noha (片) 足

3 次の日本語をチェコ語に訳してみましょう。

1. あれはハーイコヴァー（Hájková）夫人です。彼女をご存知ですか？

2. パヴェル（Pavel）は君のことを知らない。

3. 彼にはアイスホッケーが楽しい。 ○ lední hokej アイスホッケー

4. その映画は私には面白くない。

5. 君は頭が痛いの？

第16課 私は明菜といいます

① Pracuju jako učitel.　　　　　私は教師として働いています。
　プラツユ　ヤコ
② Potřebujete český slovník.　　あなたにはチェコ語の辞書が必要です。
　ポトゥしぇブイェテ
③ Jak se jmenujete?　　　　　　お名前は何といいますか？
　ヤク　　（イ）メヌイェテ
　— Jmenuju se Akina.　　　　　—私は明菜といいます。
　　　（イ）メヌユ
④ Moc vám děkuju.　　　　　　　とても感謝しています。
　モッツ　　　ぢぇクユ

jako …として　slovník 辞書　jak どのように

🛟 -ovat で終わる動詞は規則的に活用する

原形が -ovat で終わる動詞は、例外なく次のように活用します。ovat の部分がごっそり変化します。

-ovat 型動詞の活用

pracovat 働く	← ovat の部分が変化
prac**uju**（口語）/ prac**uji**（文語）	prac**ujeme**
prac**uješ**	prac**ujete**
prac**uje**	prac**ujou**（口語）/ prac**ují**（文語）

この〈-ovat 型〉動詞は、主語が já のときと oni のときに口語形と文語形のふたつがあり、少しややこしくなっています。口語形は基本的には話し言葉ですが、くだけた文章での書き言葉としても使います。対して文語形は基本的には書き言葉ですが、丁寧な話し言葉としても用います。

ここで頻度の高い〈-ovat 型〉動詞と、その使いかたを学びましょう。

potřebovat　（〜を）必要とする

②のように「必要とするもの」を4格にします。日本語としては、「主語（＝1格）には〜が必要だ」と訳すのが自然です。

jmenovat se...　…という名前である

③の Jak se jmenujete? は名前を尋ねる際の定型表現です（→ p.54）。これに対しては、Jmenuju se...（口語）あるいは Jmenuji se...（文語）と答えます。なお語頭の j（弱い［イ］）は発音されないことがあります。

děkovat （人に）感謝する

❹のように「感謝する対象の人」を3格にします。また、já を主語にした Děkuju / Děkuji は「ありがとう」という意味の決まり文句です（→ p.19）。

1 日本語訳に合わせて、次の動詞を活用させましょう。

1 pracovat :　　　Kde .... Eva?　エヴァはどこで働いてるの？

2 děkovat :　　　Moc ti ....　僕は君にとても感謝してる。

3 jmenovat se :　Jak .... ten učitel?　その先生はなんて名前なの？

4 potřebovat :　　.. nové auto.　私には新しい車が必要です。

5 milovat 愛する :　.. pivo.　我々はビールを愛しています。

2 次のチェコ語の意味を考えてみましょう。

1 Kde pracujou Akina a Jana?

2 Petr vám moc děkuje.

3 Potřebuješ čas.　○ čas, -u 時間

4 Miluju tě.

3 次の日本語をチェコ語に訳してみましょう。

1 私の兄はプログラマーとして働いています。　○ programátor プログラマー

2 私たちはあなたがたにとても感謝しています。

3 彼女の犬はフィリップ（Filip）という名前だ。　○ pes 犬

4 彼らには休憩が必要だ。　○ pauza 休憩

5 私の姉はチェコ語を専攻しています。　○ čeština チェコ語　○ studovat 専攻する

第17課 どこへ行くんですか？

❶ Kam jdete? 　　　デテ	どこへ行くんですか？
— Jdu do banky. 　ドゥ　　バンキ	－銀行へ行くんです。
❷ Jdeme na poštu! 　デメ　　ポシュトゥ	郵便局へ行こう！
❸ Petr a Jana jedou do Prahy. 　　　　　　　イェドウ	ペトルとヤナはプラハへ行きます。

kam どこへ（向かって）　banka 銀行　pošta 郵便局

🛟 jít は「歩いて行く」、jet は「乗り物で行く」

　チェコ語では「歩いて行く」場合と「乗り物を使って行く」場合、それぞれ違う動詞を用います。❶❷で使われているのは jít「歩いて行く」、❸で使われているのは jet「乗り物で行く」で、活用は次の通りです。

jít　歩いて行く		jet　乗り物で行く	
jdu［ドゥ／イドゥ］	jdeme［デメ／イデメ］	jedu	jedeme
jdeš［デシュ／イデシュ］	jdete［デテ／イデテ］	jedeš	jedete
jde［デ／イデ］	jdou［ドウ／イドウ］	jede	jedou

　jít の活用形 jdu, jdeš... の語頭の j は、日常会話では発音されないことが普通です。ただし否定の ne- が付く場合は、nejdu［ネイドゥ］のように必ず発音されます。

🛟 do＋2格か na＋4格で《向かう場所》を表す

　チェコ語の前置詞はそれぞれ、うしろにどの格がつづくか決まっています。たとえば do は「～へ」という意味の前置詞で、do の後には2格がつづきます。ですから❶のように「銀行へ」と言う場合は、banka を2格形にして do banky となります。

　さらにチェコ語には「～へ」にあたる前置詞がもうひとつあります。それは na で、これには4格がつづきます。ですから❷のように「郵便局へ」は na poštu となります。

　banka は do で、pošta は na というように、場所を表す名詞は〈do をとるもの〉と〈na をとるもの〉に分かれています。次ページの表のように、どちらであるかは語ごとに決まっていて、ひとつひとつ覚えていく必要があります。

| do＋2格 | banka（銀行），obchod（店），kavárna（喫茶店）；Praha（プラハ） |
| na＋4格 | pošta（郵便局），nádraží（駅），náměstí（広場） |

※2格の変化は第11課、4格の変化は第12課を見てください。

これからは、たとえば do のような2格をとる前置詞ならば「do＋2（格）」といったように、その前置詞がとる格を＋と数字で表します。また前置詞によっては二つ以上の格をとるものもありますので、注意してください。

1 日本語訳に合わせて、次の空欄を埋めましょう。

1　Kam _____?　（君は）どこへ行くの？〔歩いて〕

2　Eva _____ do Prahy.　エヴァはプラハへ行くよ。〔乗り物で〕

3　Já _____ do banky.　私は銀行へは行きません。

4　Jdete _____?　（君たちは）喫茶店へ行くの？

5　Věra jede do _____.　ヴィエラはブルノ（Brno）へ行くんだ。

2 次のチェコ語の意味を考えてみましょう。

1　Jedeme do Olomouce.

2　Kam jde Petr?

3　Jdeš do banky?

4　Jdu na poštu.

3 次の日本語をチェコ語に訳してみましょう。

1　彼のお姉さんは広場へ行きます。〔歩いて〕　○sestra 姉／妹

2　彼女のお兄さんは駅へ行きます。〔歩いて〕　○bratr 兄／弟

3　彼らはブルノ（Brno）へ行きます。〔乗り物で〕

4　私たちは中央郵便局へ行きます。〔乗り物で〕　○hlavní pošta 中央郵便局

5　私の母はお店へ行きます。〔歩いて〕　○matka 母

第18課 私たちは車でブルノへ行きます

① Jedeme do Brna autem.
　　　　　　　　アウテム
② Petr jde do banky s Janou.
　　　　デ　　　　　　ス ヤノウ
③ Platím kartou.
　プラチーム　カルトウ

私たちは車でブルノへ行きます。

ペトルはヤナ（Jana）と銀行へ行く。

カードで支払います。

vlak 電車　platit 払う　karta カード

🔘 名詞の7格は「〜で」を表す

　男性名詞の2・4格では、活動体・不活動体や最後の子音の軟らかさといった複雑な区別がありました。ところが7格は単純で、男性名詞ならすべて -em を付ければいいだけです。

	男性名詞 (語末が子音)	女性名詞 (-a)	中性名詞 (-o)	中性名詞 (-í)
1格 ↓ 7格	vlak ↓ vlak**em**	kart**a** ↓ kart**ou**	auto ↓ aut**em**	nádraží ↓ nádraž**ím**
	+ em	a ⇒ ou	o ⇒ em	í ⇒ ím

7格の主な用法は次の通りです。

手段・方法を表す「〜で」「〜によって」
　Jedu do Brna autobusem.　私はバスでブルノへ行きます。　autobus バス

前置詞 s を伴って「〜とともに」「〜と一緒に」
　Jdu do kavárny s Janem.　私はヤン（Jan）と一緒に喫茶店へ行きます。

チェコ語には〈複数形〉もある

　これまでに学んだ名詞や形容詞の格変化は、すべて〈単数形〉としての変化です。ところが実はチェコ語には〈複数形〉もあり、単数での格変化とはまた別の変化をします。つまり単純に言ってしまえば、一つの名詞につき単数全7格に複数全7格で、合計14個の形が存在するということですね。これらを一度に覚えきるということはまず不可能ですから、たくさんのチェコ語に触れて、少しずつ頭にしみ込ませていくことが大切です。少し先になりますが、複数での格変化について具体的には第37課から学びます。

1 次の語を7格の形に変化させ、文の意味を言いましょう。

1. vlak　電車： Jedou do Brna ＿＿＿＿＿ .
2. auto　車： Jedu ＿＿＿＿＿ na hlavní poštu.
3. autobus, -u　バス： Jedeme do Prahy ＿＿＿＿＿ ?
4. karta　カード： Platíte ＿＿＿＿＿ ?
5. Tereza〔女性名〕： Jdeš na náměstí s ＿＿＿＿＿ ?

2 次のチェコ語の意味を考えてみましょう。

1. Pavel jede do Olomouce vlakem.
2. Jedu metrem do kina.　　○ metro　地下鉄　○ kino　映画館
3. Jdeme do parku s dědečkem.　　○ dědeček, -čka　おじいさん
4. Já si dám čaj s cukrem.　　○ cukr　砂糖

3 次の日本語をチェコ語に訳してみましょう。

1. ハーイェク（Hájek）さんは車でオストラヴァ（Ostrava）へ行きます。

2. 君たちは銀行へ地下鉄で行くのかい？

3. 私はおばあちゃんと一緒に公園へ行くわ。　　○ babička　おばあさん

4. 私たちはカードで支払います。

5. 君はミルクティー（牛乳入りの紅茶）を飲むかい？　　○ mléko　牛乳

第19課 ゆっくり話してもらえますか？

❶ Můžu tady kouřit?
　ムージュ　タディ　コウジット
ここでタバコを吸ってもいいですか？

❷ Můžete mluvit pomalu?
　ムージェテ　　　　　ポマルゥ
ゆっくり話してもらえますか？

❸ Chci nový mobil.
　フツィ
私は新しい携帯が欲しい。

❹ Chceš se vrátit domů?
　フツェシュ
家に帰りたい？

kouřit タバコを吸う　pomalu 副 ゆっくりと　mobil, -u 携帯電話

moct は「（状況的に）～できる」

moct は非常によく使われる動詞で、右のような活用になります。

moct（文語形は moci）	
můžu (mohu)	můžeme
můžeš	můžete
může	můžou (mohou)

◇ moct は「状況的に可能である」という意味の「できる」で、通常は❶❷のように動詞の原形と組み合わせて使います。これに対して第9課で学んだ umět は「能力がある」という意味の「できる」ですから、次のような使い分けが必要になります。

　Můžu vařit.　　（今）料理をできる状況にある。
　Umím vařit.　　料理をする能力がある。

◇ 原形としては moct が一般的な形ですが、文語形として moci という形もあります。また活用形の mohu と mohou も文語的な形で、特に改まった場面でもない限りは můžu や můžou の方を使うのが普通です。

◇ já や my を主語に moct を疑問文で使うと、❶のように「…していいですか？」という許可を問う表現になります。また❷のように ty や vy を主語に疑問文にすれば「…してもらえますか？」という依頼を表す表現になります。

chtít は「ほしい」「～したい」

チェコ語には完全に不規則な活用をする動詞が四つありますが、そのうちの一つめは být で、二つめはこの chtít です。chtít は❸のよう

chtít ［フちート］	
chci ［フツィ］	chceme ［フツェメ］
chceš ［フツェシュ］	chcete ［フツェテ］
chce ［フツェ］	chtějí ［フちぇイー］

に名詞の4格を伴ったり、❹のように動詞の原形とともに用いたりします。発音が難しいので練習しましょう。

1 日本語訳に合わせて、次の空欄を埋めましょう。

1 .... platit kartou?　（私は）カードで払えますか？
　— Ano, ... ．　はい、できますよ。〔vyに対して〕
2 .... nové auto.　私たちは新しい車がほしい。
3 .... teď kouřit.　私は今タバコを吸いたい。　○teď 副 今
4 Tady .... kouřit.　ここではタバコは吸えないよ。〔tyに対して〕

2 次のチェコ語の意味を考えてみましょう。

1 Proč tady nemůžeme kouřit?　○proč なぜ
2 Můžeš mi podat cukr?　○podat 手渡す
3 Chci jí koupit krásný šperk.
4 Chceme nový počítač.　○počítač パソコン

3 次の日本語をチェコ語に訳してみましょう。

1 私たちはどこで喫煙できるんですか？

2 コショウを取っていただけますか？　○pepř コショウ

3 私の妻は新しい冷蔵庫をほしがっている。　○manželka 妻　○lednička 冷蔵庫

4 私はプラハへ車で行きたい。

5 ペトルとヤナは家に帰りたがっている。

相手との距離を縮めるには

ここでは、チェコ人と付き合うときに覚えておきたい表現を紹介します。まずは初対面の人に対するあいさつの表現を学びましょう。

Těší mě. はじめまして。

初対面のときの形式的な決まり文句で、元々は「（あなたとお会いできたことが）私を喜ばせています」といった意味の文です。この Těší mě に対してはそのまま Těší mě と返してもいいですが、Mě taky「私もです」と返すこともできます。taky は「～も」という意味です。

Rád / Ráda vás poznávám. お会いできて嬉しいです。

これも無難な定型表現です。話し手が男性なら rád の方を、女性なら ráda の方を使います。

Jmenuju se ... 私の名前は…です。

第16課で学んだ通りです。-ji の方の語尾を使って Jmenuji se ... と言ってもかまいません。ただしこの -ji の語尾を使うと、少し格調の高い印象になります。また、単に Jsem ～「私は～です」と言うことも多いです。

Jak se jmenujete? お名前は何とおっしゃるんですか？

名前をたずねる際の決まり文句です。ただしこちらが名乗れば相手もそれに応じて名乗ることが多く、実際の初対面の場面ではあまり使わない表現かもしれません。

次に、相手の機嫌や体調をたずねる表現を学びましょう。

Jak se máte? お元気ですか？

これは vy で呼ぶ間柄の相手に対するたずねかたです。jak は「どのように」、se は「自分自身を」、そして máte は動詞 mít「持っている」の vy が主語のときの形です。直訳すれば「あなたは自分自身をどのように持っているか」となり、転じて「お元気ですか」の意味になります。またすでに ty で呼ぶ相手に対しては、次のようたずねましょう。

Jak se máš? 元気かい？

以上の Jak se máte? や Jak se máš? に対しては、

Děkuju, (mám se) dobře. ありがとう、元気です／元気だよ。

というのが、よくある（悪く言えば形式ばった）返しかたになります。ただしたずねた側は必ずしも字義通りに「元気かどうか」をきいている訳ではなく、近況などを知りたい場合もありますので、余裕があれば最近あった出来事などを添えて言うといいでしょう。

「まあまあ」や「元気ではない」などと答えたいときには、こんな表現もあります。

Jde to. / Ujde to.　まあまあだよ。
Jakž takž.　どうにかこうにかやってるよ。
Špatně.　元気じゃないよ。不調だよ。

また、ずばりと近況をたずねたいときには、次の表現を使ってみてください。

Co je nového?　最近何かあった？

---

tykat と vykat

　tykat は「相手を ty で呼ぶ」、vykat は「相手を vy で呼ぶ」という意味の動詞です。すでに打ち解けた間柄なら相手を tykat し、まだ心理的に距離のある相手や目上の人に対しては vykat します。学生同士や同年代の相手には最初から断らずに tykat する場合もありますが、やはり初対面の人には vykat するのが普通です。ただしその後、どのタイミングで vykat から tykat に移行すべきかというのは、往々にしてチェコ人の悩みの種になるものです。

　一般的な習わしとしては、「tykat しませんか」という提案がなされてから正式に tykat する間柄になります。その提案に使われるのは次のようなフレーズです。

　　　　Můžeme si tykat?　お互いに ty で呼び合いましょうか？

　ただしこの tykat の提案は、していい立場とそうでない立場があります。一般的には、(1)女性から男性へ、(2)年上から年下へ、(3)社会的立場が上の人から下の人へ、という方向で行われることが原則です。

　また、「チェコ語の vykat は日本語の敬語にあたる」と言うこともできますが、チェコ語ではたとえば部下でも上司に tykat することがあり、日本語の敬語とは感覚の異なる部分もありますので注意しましょう。

第20課 私はあなたがたと一緒に行きます

❶ Jana mluví o tobě.　　　ヤナが君について話してる。
❷ Já jdu s vámi.　　　　　私はあなたがたと一緒に行きます。
❸ Mně se líbí Ostrava.　　私にはオストラヴァが気に入っています。

o ～について〔6格をとる前置詞〕

人称代名詞は7格まである

　第14・15課で人称代名詞の3格・4格について学びましたが、この課では já, ty, my, vy の変化を7格までまとめて学びます。
　まずは já（私）と ty（君）の変化ですが、下のように、〈単独で用いる場合〉と〈前置詞の後で用いる場合〉で形が異なります。

	単独	前置詞の後
1	já	–
2	mě	mě
3	mi	mně
4	mě	mě
6	–	mně
7	mnou	mnou

	単独	前置詞の後
1	ty	–
2	tě	tebe
3	ti	tobě
4	tě	tebe
6	–	tobě
7	tebou	tebou

※ já の2・4格には mne という文語的な形も存在します（〈単独〉〈前置詞の後〉いずれも）。ただし口頭で用いると非常に改まった印象を与えます。

◇ 単独で用いる場合の2・3・4格形（mě, mi; tě, ti）は〈2番目〉の位置に置かれます。ただし同じ文の中に se や si がある場合はこのうしろに来ます。
◇ 「私には」「君こそを」のように強調したい場合は、〈前置詞の後〉と同じ形を用います。ややこしいので注意してください。❸のように文の最初に置くのが普通です。

my（私たち）と vy（あなた／あなたがた／君たち）の格変化は上に比べると単純で、単独で用いる場合も、前置詞の後や強調の場合も、すべて共通の形になります。

1	my	vy
2	nás	vás
3	nám	vám
4	nás	vás
6	nás	vás
7	námi	vámi

1 日本語訳に合わせて、次の空欄を埋めましょう。

1 Mluvíte o ....? （君らは）私のことを話しているの？
2 Můžu jít s ....? 君と一緒に行ってもいい？
3 Chutná .... české jídlo. 私たちにはチェコ料理が口に合います。
4 Chcete s .... pracovat? 私たちと一緒に働きたいですか？
5 .... se Praha nelíbí? 君にはプラハが気に入らないのかい？

2 次のチェコ語の意味を考えてみましょう。

1 Petr a Jana mluví o nás.
2 Baví tě hokej?
3 Mně se ten film vůbec nelíbí.　◦ vůbec まったく（…ない）
4 Chceš jít se mnou?　◦ já の変化形の前に前置詞 s が来るときは、se という形になります（→第 25 課）。

3 次の日本語をチェコ語に訳してみましょう。

1 （私は）君たちと一緒に行ってもいいかな？

2 トマーシュ (Tomáš) が君のことを話しているよ。

3 あなたには和食は口に合いませんか？
　　　　　　　　◦「あなた」を強調しなくてよい　◦ japonský 日本の

4 私にはサッカーが楽しいです。
　　　　　　　　◦「私」を強調する　◦ bavit「楽しませる」を使って（→第 15 課）

5 エヴァ (Eva) とヴィエラ (Věra) があなたについてしゃべってますよ。
　　　　　　　　◦ hovořit しゃべる

第21課 エヴァについて話しています

1. Jdu do kavárny s Věrou. ヴィエラ（Věra）と一緒に喫茶店へ行きます。
2. Máme doma kočku. 私たちは家で猫を飼っています。
3. Dám kočce vodu. 私は猫に水をやります。
4. Mluví o Evě. 彼らはエヴァ (Eva) について話しています。

kavárna 喫茶店　kočka 猫　voda 水

◯ -a で終わる女性名詞は žena 型の変化をする

　男性・女性・中性名詞が、それぞれのタイプに応じて単数2・4・7格でどのような変化をするかはすでに学びました。今度は〈-a で終わる女性名詞〉だけに注目して、これが単数1〜7格でどう変化するかをまとめて学びましょう。

　右には、〈-a で終わる女性名詞〉の代表として žena という名詞の変化を挙げています。見ての通り、格によって最後の部分（語尾）が変化します。

　3格と6格（♪）は共通の形になりますが、これらは「いつも a を ě にすればいい」というわけではありません。下のように、先行する子音の種類によって変化のしかたが少し異なります。

1	žena　女性
2	ženy
3	ženě（♪）
4	ženu
5	ženo!
6	ženě（♪）
7	ženou

	a を ě にする			a を e にする
単数1格	-ba, -pa, -va, -fa	-ma	-da, -ta, -na	-la, -sa, -za
↓	↓	↓	↓	↓
3・6格（♪）	-bě, -pě, -vě, -fě	-mě	-dě, -tě, -ně	-le, -se, -ze

	子音ごと変わる			
単数1格	-ka	-ha, -ga	-cha	-ra
↓	↓	↓	↓	↓
3・6格（♪）	-ce	-ze	-še	-ře

matka 母　⇒ matce
Praha プラハ　⇒ Praze
Olga〔女性名〕　⇒ Olze
střecha 屋根　⇒ střeše
sestra 姉/妹　⇒ sestře

1 日本語訳に合わせて、次の語を適切な形に変化させましょう。

1　kočka　猫：　Mají doma ＿＿＿＿＿＿＿．　彼らは家で猫を飼ってるよ。
2　Hana：　＿＿＿＿＿＿＿ chutná japonské jídlo.　ハナには和食が口に合う。
3　Jana：　Hovoříme o ＿＿＿＿＿＿＿．　私たちはヤナについてしゃべっています。
4　Praha：　To je kniha o ＿＿＿＿＿＿＿．　これはプラハについての本です。
5　teta　おば：　Bydlím s ＿＿＿＿＿＿＿．　私はおばと一緒に住んでいます。

2 次のチェコ語の意味を考えてみましょう。

1　Akině se Praha nelíbí.
2　Koupím manželce ledničku.　○ manželka 妻　○ lednička 冷蔵庫
3　Jan často hovoří o sestře.　○ často 副 よく、頻繁に
4　To je kniha o kávě.
5　Oni hovoří o Ósace.

3 次の日本語をチェコ語に訳してみましょう。

1　テレザ（Tereza）は家で猫を飼っている。

＿＿＿＿＿＿＿＿＿＿＿＿＿＿＿＿＿＿＿＿＿＿＿＿＿＿＿＿＿＿

2　ペトル（Petr）はヤナさん（slečna Jana）の彼氏だ。　○ přítel 恋人；親友

＿＿＿＿＿＿＿＿＿＿＿＿＿＿＿＿＿＿＿＿＿＿＿＿＿＿＿＿＿＿

3　これは横浜（Jokohama）についての本です。

＿＿＿＿＿＿＿＿＿＿＿＿＿＿＿＿＿＿＿＿＿＿＿＿＿＿＿＿＿＿

4　私は妹に本をあげます。

＿＿＿＿＿＿＿＿＿＿＿＿＿＿＿＿＿＿＿＿＿＿＿＿＿＿＿＿＿＿

5　これはオストラヴァ（Ostrava）についての記事です。　○ článek 記事

＿＿＿＿＿＿＿＿＿＿＿＿＿＿＿＿＿＿＿＿＿＿＿＿＿＿＿＿＿＿

第22課 お肉は食べません

❶ Já nejím maso.　　　　　　私はお肉は食べません。
❷ Znáte Janu?　　　　　　　ヤナ（Jana）をご存知ですか？
❸ Víte, že Jana nejí maso?　　ヤナがお肉を食べないことはご存知ですか？

maso 肉

vědět「知っている」と jíst「食べる」は不規則な活用をする

チェコ語では、完全に不規則な活用をする動詞は実質的に四つしかありません。すでに学んだ být に chtít, そしてこの vědět と jíst です。

vědět　知っている		jíst　食べる	
vím	víme	jím	jíme
víš	víte	jíš	jíte
ví	vědí [ヴィエぢー]	jí	jedí [イェぢー]

〈-it 型〉の活用に似ていますが、主語が oni のときの活用形だけ特殊な形になります。また原形も特殊な形をしていることを覚えておきましょう。

「知っている」は znát と vědět を使い分ける

日本語の「知っている」にあたるチェコ語の動詞には znát と vědět の二つがあり、場合によって使い分ける必要があります。原則的な意味の違いは次のようになります。

　　znát は「（具体的な人・ものを）具体的に知っている」
　　vědět は「（ある事柄を）情報・事実として知っている」

これらの動詞は使いかたにも違いがあり、znát は通常、❷のように〈具体的な人・もの〉の４格を伴います。
対して vědět には〈具体的な人・もの〉の４格が伴うことはなく、次のような語がつづきます。

・že...「…ということ（を）」→ ❸
・kde「どこに」、kdy「いつ」、kdo「誰が」など
　　Nevíš, kde je Jan?　どこにヤンがいるか知らない？
・o + 6格「〜について」
　　Už o tobě ví.　彼はもう君について知ってるよ。

・to「そのこと」、co「何」、něco「何か」などの4格
　　To já nevím.　私はそのことは知らない。

1 日本語訳に合わせて、次の空欄を埋めましょう。

1 .... maso?　彼らはお肉を食べますか？
2 .... zeleninu?　君は野菜を食べないの？　○ zelenina 野菜
3 .... Věru?　ヴィエラ (Věra) をご存知ですか？
4 Co .... o Věře?　ヴィエラに関して何をご存知ですか？
5 ...., kdo je Karel Gott.　私はカレル・ゴットが誰なのか知りません。

2 次のチェコ語の意味を考えてみましょう。

1 Jíme zeleninu.
2 Znáš slečnu Evu?
3 Nevíte, kde je paní Černá?
4 Hana ještě neví, že je Tomáš ženatý.
　　　　　○ ještě 副 まだ　○ ženatý（男性が）既婚の〔男性にのみ用いる形容詞〕

3 次の日本語をチェコ語に訳してみましょう。

1 彼らはお肉を食べないんです。

2 私は野菜を食べますよ。

3 彼らはテレザさん (slečna Tereza) を知ってますよ。

4 私はヴィエラ (Věra) が既婚だということを知っています。
　　　　　○ vdaná（女性が）既婚の〔女性にのみ用いる形容詞〕

5 中央郵便局がどこにあるか知らない？　○ hlavní pošta 中央郵便局

第23課 彼らはミロシュについて話している

① Mluví o Milošovi.　　　彼らはミロシュ（Miloš）について話している。
② Janovi se ten svetr nelíbí.　　ヤン（Jan）にはそのセーターが気に入らない。
③ Jdeš k panu Novákovi?　　ノヴァークさんのところへ行くのかい？

svetr セーター　k 〜の方へ〔3格をとる前置詞〕

🔵 子音で終わる活動体の男性名詞は pán 型か muž 型の変化をする

　元の形（＝単数1格形）が子音で終わり、活動体（人間・動物）を表す男性名詞は、次の二つの変化タイプに分かれます。通常、元の形がどのような子音で終わるかで、どちらのタイプかを見分けることができます。

最後の子音	最後の子音
・硬子音（d, t, n, k, g, h, ch, r） ・唇子音（b, p, m, v, f） ・-l の人間 ・-l, -s, -z の動物	・軟子音（č, ď, ň, ř, š, ť, ž, c, j） ・-tel の人間 ・král「王」 ・-s, -z の人間の多く（一部は pán 型）

⇩　　　　　　　　⇩

1	pán　紳士；主人		1	muž　男性；夫
2	pán**a**		2	muž**e**
3	pán**ovi**, pán**u**		3	muž**i** / Tomáš**ovi**
4	pán**a**		4	muž**e**
5	pan**e**! / Pepík**u**!		5	muž**i**!
6	pán**ovi**, pán**u**		6	muž**i** / Tomáš**ovi**
7	pán**em**		7	muž**em**

◇ učitel「教師」など元の形が -tel で終わる語は、原則的に muž 型になります。対して Ital「イタリア人」など、-tel でない -l はほとんどが pán 型になります。ただし král「王」は例外的に muž 型です。また Francouz「フランス人」などの -s, -z で終わる人間は muž 型になる傾向にあります。

◇ 単数3・6格は、pán 型なら –ovi、muž 型なら –i を付けるのが原則ですが、muž 型でも一語の個人名なら –ovi にします。敬称や姓名で二語以上になるときは、最後の語を必ず –ovi にし、それ以外を pán 型なら –u に、muž 型なら –i にします。

　　例）Tomáš ⇒ Tomáš**ovi**　　pan Tomáš Novák ⇒ pan**u** Tomáš**i** Novák**ovi**

◇ 単数5格については 35 ページを参照してください。

1 日本語訳に合わせて、次の語を適切な形に変化させましょう。

（単数2格形を併記している語があります。→ p.38）

1　Petr： 　　　　　　　Mluví o ....．　彼らはペトルについて話している。
2　učitel, -e 教師： 　　Jan mluví s ....．　ヤンは先生と話している。
3　pan Horák： 　　　　Jdu k ....．　ホラークさんのところへ行くよ。
4　pes 犬 (e が消える)：Dám .... maso．　犬にお肉をやります。
5　Lukáš： 　　　　　　Ten svetr se .... nelíbí．
　　　　　　　　　　　　そのセーターはルカーシュには気に入らない。

2 次のチェコ語の意味を考えてみましょう。

1　Nechci jít k lékaři.　○ lékař 医師〔男性〕
2　Mirek a Tomáš hovoří o Pavlovi.　○ hovořit しゃべる
3　Pane Nováku, máte doma psa?
4　Znáš pana Krále?
　　　　　○ Král はよくあるチェコ人男性の名字で、král「王」と同じ変化をします。

3 次の日本語をチェコ語に訳してみましょう。消える e に注意しましょう。

1　私たちはミレク (Mirek) について話しています。　○ Mirek, -rka

2　私はパヴェル (Pavel) にプレゼントを買います。
　　　　　　　　　　○ Pavel, -vla　○ koupit 買う　○ dárek プレゼント

3　ノヴァーク (Novák) 氏は医師〔男性〕と話している。

4　私はホラーク (Horák) 氏とともにに公園へ行きます。
　　　　　　　　　　　　　　　　○ park 公園（do ＋ 2 格をとる）

5　君はミロシュ・ハーイェク (Miloš Hájek) 氏を知ってる？　○ Hájek, -jka

第24課 ヤナは机に座っています

❶ Jedeš do Olomouce vlakem?　　オロモウツ（Olomouc）へ電車で行くの？
❷ Jana sedí u stolu.　　ヤナは机（のところ）に座っています。

vlak 電車　u 〜のもとに・で〔2格をとる前置詞〕　stůl 机、テーブル

🛟 不活動体の男性名詞は hrad 型か stroj 型の変化に分かれる

不活動体の男性名詞は最後の子音の種類によって次の二つの変化タイプに分かれ、単数形としては下のように格変化します。

最後の子音	最後の子音
・硬子音（d, t, n, k, g, h, ch, r） ・唇音（b, p, m, v, f）と s, z ・-l の大部分	・軟子音（č, ď, ň, ř, š, ť, ž, c, j） ・-l の一部（cíl「目標」, kašel「咳」など、わずかの語）
⇩	⇩

1	hrad　城	1	stroj　機械
2	hrad**u** / jazyk**a**	2	stroj**e**
3	hrad**u**	3	stroj**i**
4	hrad	4	stroj
5	hrad**e**!（pán 型と同じ）	5	stroj**i**!
6	hrad**ě**, hrad**u**	6	stroj**i**
7	hrad**em**	7	stroj**em**

◇ hrad 型の単数2格で、通常の語尾 -u をとらずに -a をとる語があります。たとえば jazyk「舌；言語」, les「森」, svět「世界」, život「命；生活」; leden「一月」; Berlín「ベルリン」などです。特に Zlín, Přerov, Tábor など、チェコの地名で hrad 型にあたるものは、大部分が -a をとります。

◇ hrad 型の単数6格は、語によって、取る語尾が〈-ě のみ〉〈-ě と -u の両方〉〈-u のみ〉の三つに分かれます。-k, -g, -h, -ch, -r で終わる語は通常〈-u のみ〉になりますが、それ以外は明言に足るような規則はなく、語ごとに辞書などで確認が必要です。なお l, s, z のうしろでは ě ではなく e を書きます。

🛟 ů が o になる名詞がある

最後から2文字目が ů の語のほとんどは、格変化によって語尾が付くと、これが o になります。

例）dům 家 ⇒ domu　　stůl 机 ⇒ stolu

これは不活動体の男性名詞に限った現象ではなく、チェコ語の名詞全体に広く見られる現象ですので、これから ů を持つ語には注意しましょう。

1 次の語を指定された格〔単数〕に変化させ、文の意味を言いましょう。
（単数2格形を併記している語があります。）

1　hokej　ホッケー：　　　Mluvíte o ....? 〔6格〕
2　čas, -u　時間：　　　　 Nemám .... 〔4格〕
3　Zlín, -a〔地名〕：　　　Jedeme do .... autobusem. 〔2格〕
4　Liberec, -rce〔地名〕：Kdy se do .... vrátíš? 〔2格〕
5　počítač　パソコン：　　Petr sedí u .... 〔2格〕

2 次のチェコ語の意味を考えてみましょう。

1　Bydlíme u lesa.　　○les, -a　森
2　Pavel a Tomáš pořád mluví o fotbalu.　○pořád〔副〕いつも　○fotbal, -u　サッカー
3　Koupím si časopis o hokeji.　○koupit si　自分用に買う　○časopis, -u　雑誌
4　Co víte o Olomouci?

3 次の日本語をチェコ語に訳してみましょう。

1　犬は机のところに寝そべっています。　　○ležet　横たわる

2　私たちには時間が必要だ。　　○potřebovat　必要とする

3　私は新しいパソコンがほしい。

4　これは月についての本です。　　○měsíc　月

5　私たちは映画について話しています。　　○film　映画（単数6格は〈-u のみ〉）

第25課 寝る前に牛乳を飲みます

❶ U okna leží kočka. 　　　　窓際に猫が寝そべっています。
❷ Dám si mléko před spaním. 　寝る前に牛乳を飲みます。
❸ Dáš si čaj s mlékem? 　　　　ミルクティー飲む？

okno 窓　mléko 牛乳　před（場所・時間）〜の前に〔7格をとる前置詞〕
spaní 寝ること、睡眠

🛟 -o で終わる中性名詞は město 型の、-í で終わる中性名詞は náměstí 型の変化をする

〈-o で終わる中性名詞〉と〈-í で終わる中性名詞〉は、単数形としてはそれぞれ次のように格変化します。

1	město　街		1	náměstí　広場
2	města		2	náměstí
3	městu		3	náměstí
4	město		4	náměstí
5	město!		5	náměstí!
6	městě, městu		6	náměstí
7	městem		7	náměstím

město 型の6格は、語によって、取る語尾が〈-ě (/e) のみ〉〈-ě (/e) と -u の両方〉〈-u のみ〉の三つに分かれます。-ko, -go, -ho, -cho, -ro で終わる語は通常〈-u のみ〉になりますが、これ以外の規則は非常に複雑であり、慣用で決まっている部分も大きくなっています。つまり最終的には辞書などで確認が必要です。

前置詞に e が付く場合がある

発音のしやすさを保つため、s, k, v など子音一字の前置詞に e の母音が加わり、se, ke, ve となることがあります。次のような場合に起こります。
前置詞と同じ子音が連続する場合：
　　se sestrou 姉 (/妹) と　　ke kočce 猫のもとへ　　ve vodě 水中で
頭に子音が連続する語の前に前置詞が来る場合：
　　se mnou 私と　　ke mně 私のもとへ　　ve škole 学校で
v「〜の中に・で」〔6格をとる前置詞〕は次の課で学びましょう。

1 指定された語を適切な形に変化させ、文の意味も言いましょう。

1　kino　映画館 :　　　Jdeme do ....
2　Česko　チェコ :　　Co víte o .... ?
3　Japonsko　日本 :　　Mluvíme o ....
4　nádraží　駅 :　　　Před .... je velký park.
5　divadlo　劇場 :　　Teď jsme před ....　○ teď 副 今

2 次のチェコ語の意味を考えてみましょう。

1　Chceš teplé mléko?　○ teplý あたたかい
2　To je článek o Brně.　○ článek, -nku 記事
3　Jedeme do Brna autem.
4　Znáte Brno?
5　Ten mladý muž před kinem je můj bratr.　○ mladý 若い

3 次の日本語をチェコ語に訳してみましょう。

1　窓際にエヴァとヴィエラが座っています。　　○ sedět 座っている

2　私の兄は映画館の前で待っています。　　○ čekat 待つ

3　（私たちは）中央駅へは地下鉄で行こう。
　　　　　○ hlavní nádraží 中央駅（na＋4格をとる）　○ metro 地下鉄

4　これは料理についての雑誌です。　　○ vaření 料理　○ časopis, -u 雑誌

5　窓の前にいるあの若い女性は僕の妹です。

第26課 コーヒー飲みに行く？

① Mirek a Jan jsou v kavárně.　　ミレクとヤンは喫茶店にいるよ。
② Teď jsme na nádraží.　　今、私たちは駅にいます。
③ Jdeme na kávu?　　コーヒー飲みに行く？
④ Jedu k tetě do Brna.　　おばのもとへブルノへ行きます。

kavárna 喫茶店　teď 副 今　káva コーヒー　teta おば

🛟 v＋6格か na＋6格で《いる場所》を表す

　第17課にて、「どこそこへ（向かう）」と言う場合には〈do＋2格をとる名詞〉と〈na＋4格をとる名詞〉に分かれることを学びました。これに対応して、「どこそこに（いる）」「どこそこで（する）」と言う場合には、〈v＋6格をとる名詞〉と〈na＋6格をとる名詞〉に分かれます。つまり、《向かう場所》で前置詞 do＋2格をとる名詞は《いる場所》では v＋6格をとり、同様に《向かう場所》で na＋4格をとる名詞は《いる場所》で na＋6格をとる、ということです。

	どこへ《向かう場所》		どこに・で《いる場所》	
banka 銀行	⇒ do＋2格	do banky	v＋6格	v bance
pošta 郵便局	⇒ na＋4格	na poštu	na＋6格	na poště

地名や国名はほとんどが［do＋2 − v＋6］の方をとります。
　　Česko チェコ：do Česka − v Česku
ただし次のように、例外的に［na＋4 − na＋6］をとるものもあります。
　　Slovensko スロヴァキア：na Slovensko − na Slovensku

行事や飲食を表す名詞は［na＋4 − na＋6］をとる

　koncert「コンサート」や oběd「昼食」など、行事や飲食を表す名詞を na＋4格や na＋6格の形で用いることもできます。たとえば Jdeme na koncert「コンサートへ行く」、Jsme na obědě「昼食中だ」のように使います。

🛟 k＋3格と u＋2格で《人のもと》を表す

　「人のところへ（向かう）」は前置詞 k＋3格、「人のところに（いる）」は前置詞 u＋2格を使います。たとえば teta「おば」という語では、Jdu k tetě で「お

ばのところへ行く」、Jsem u tety で「おばのもとにいる」となります。

1 次の語を適切な形にし、文の意味を言いましょう。

1　pošta　郵便局：　　Petr a Jana jsou na ＿＿＿＿＿＿．
2　oběd, -a　昼食：　　Jdeme na ＿＿＿＿＿＿！
3　bratr　兄 / 弟：　　Jdeš k ＿＿＿＿＿＿？
4　káva　コーヒー：　　Jsme na ＿＿＿＿＿＿．
5　Praha　プラハ：　　Jak dlouho bydlíte v ＿＿＿＿＿＿？

　　　　　　　　　　　　　　　　　　◉ jak dlouho　どれくらい長く、どれくらいの期間

2 次のチェコ語の意味を考えてみましょう。

1　Náš dědeček bydlí na Slovensku.　◉ dědeček　おじいさん
2　Jdeme k babičce na návštěvu.　◉ babička　おばあさん　◉ návštěva　訪問
3　Pavel a Tomáš jsou na pivu a mluví o fotbalu.
4　Petr a Jana bydlejí v Plzni.　◉ Plzeň, -zně　プルゼニュ〔地名〕
　　　　◉ Plzeň は stroj 型の男性名詞ですが、n－ň の表記上の規則（→p.9）により、
　　　　単数2格で Plzně、単数3・6格で Plzni と書きます。

3 次の日本語をチェコ語に訳してみましょう。

1　（私たちは）買い物に行こう。　◉ nákup　買い物

2　私は妹を訪ねに（妹のもとへ訪問に）行きます。

3　私たちのおばあさんはリベレツに住んでいます。　◉ Liberec, -rce (v をとる)

4　私たちはおばあさんのところにいます。

5　おじいちゃんは散歩中だよ。　◉ procházka　散歩

第27課 新しい先生と新しい喫茶店に行きます

> ❶ Jdeme do nové kavárny s novou učitelkou.
>   私たちは新しい先生と新しい喫茶店に行きます。
>
> ❷ Ten muž s bílým psem je můj otec.
>   白い犬を連れたあの男性は私の父です。

nový 新しい　učitelka 先生・教師〔女性〕　bílý 白い　pes 犬　otec 父

🛟 形容詞の形はそれぞれの格に応じて決まる

この課では、〈-ý 型〉の形容詞がそれぞれの性の名詞の単数形に付くときの格変化を一挙に見ます。最初は大変ですが、徐々に慣れていってください。

-ý 型形容詞の単数変化　dobrý「良い」

	男性活動体	男性不活動体	中性	女性	
1	dobrý	dobrý	dobré	dobrá	1
2	dobrého	dobrého	dobrého	dobré	2
3	dobrému	dobrému	dobrému	dobré	3
4	dobrého	dobrý	dobré	dobrou	4
5	=1	=1	=1	=1	5
6	dobrém	dobrém	dobrém	dobré	6
7	dobrým	dobrým	dobrým	dobrou	7

第13課にて単数4格での変化のみ学びましたが、ほかの格もそれと同じ要領になります。つまり、その形容詞が付く名詞がどの性か（男性名詞なら活動体か不活動体か）を確認した上で、その格にしたがって形容詞の形を決めるのです。

たとえば、do＋2格を使って「新しいお店（nový obchod）へ」「新しい喫茶店（nová kavárna）へ」「新しい映画館（nové kino）へ」と言いたい場合を考えてみましょう。これらはそれぞれ名詞の性が異なるので、次のように変化させることになります。

do nového obchodu（男性不活動体単数2格）　do nové kavárny（女性単数2格）
do nového kina（中性単数2格）

1 次の語句の形容詞の部分を、適切な形に変化させましょう。

1 nový park 新しい公園：

　　Jdeme do .... parku.　私たちは新しい公園へ行きます。

2 bílý pes 白い犬（pes は語尾が付くと e が消える）：

　　Dám .... psovi maso.　私は白い犬にお肉をあげます。

3 černá kočka 黒い猫：

　　Dám .... kočce vodu.　私は黒猫にお水をあげます。

4 česká kultura チェコの文化：

　　To je kniha o .... kultuře.　これはチェコ文化についての本です。

5 hezký partner ハンサムなパートナー〔男性〕：

　　Hledám .... partnera.　私はハンサムなパートナーを探しています。

○ まず最初に「名詞がどの性で、問題文の中でどの格になっているか」を考えましょう。それにしたがって左ページの表から適切な形容詞の形を探してください。

2 次のチェコ語の意味を考えてみましょう。

1 Kdo je ten hezký muž v černém autě?

2 Státní hymna České republiky je krásná.

　　○ státní hymna 国歌　○ Česká republika チェコ共和国

3 Můj bratr bydlí v Českém Krumlově.

　　○ Český Krumlov チェスキー・クルムロフ〔地名〕

3 次の日本語をチェコ語に訳してみましょう。

1 私たちはチェスキー・クルムロフへ電車で行きます。

　　○ Krumlov は 2 格で -a の方の語尾をとる（→第 24 課）

2 カレル（Karel）は美人のパートナーを探している。

　　○ hezká partnerka 美人のパートナー〔女性〕

3 これは日本の音楽についての本です。　○ japonská hudba 日本の音楽

第28課 デパートでコートを買うの

> ❶ Koupím si kabát v obchodním domě.　デパートでコートを買うの。
>
> ❷ Hledám něco zajímavého.　何か面白そうなものを探してるんだけど。

kabát コート、外套　obchodní dům デパート(直訳：商いの家)
zajímavý 面白い、興味深い

🛟 -í 型形容詞も格に応じて独自の変化をする

今度は〈-í 型〉の形容詞がそれぞれの性の名詞の単数形に付くときの格変化を学びましょう。

-í 型形容詞の単数変化 cizí「見知らぬ；外国の」

	男性活動体	男性不活動体	中性	女性	
1	cizí	cizí	cizí	cizí	1
2	cizího	cizího	cizího	cizí	2
3	cizímu	cizímu	cizímu	cizí	3
4	cizího	cizí	cizí	cizí	4
5	=1	=1	=1	=1	5
6	cizím	cizím	cizím	cizí	6
7	cizím	cizím	cizím	cizí	7

実はこの〈-í 型〉形容詞の変化は、〈-ý 型〉形容詞の変化（→第27課）における長い母音（ý, é, á と ou）をすべて í に替えただけ、と考えれば少し楽になります。

🛟 něco -ého / -ího で「何か〜なもの」を表す

něco「何か」という語に形容詞の中性単数2格形、つまり -ého か -ího をつなげることで、「何か〜なもの」という意味になります。たとえば ❷ něco zajímavého で「何か面白そうなもの」、また něco nového なら「何か新しいもの」、něco moderního なら「何かモダンなもの」となります。

1 次の語句の形容詞の部分を、適切な形に変化させましょう。

1 moderní dům　モダンな家（dům は語尾が付くと dom- となる）：

　　Mirek bydlí v .... domě.　ミレクはモダンな家に住んでるんだよ。

2 hlavní pošta　中央郵便局：

　　Tereza pracuje na .... poště.　テレザは中央郵便局で働いてるよ。

3 státní hymna　国歌：

　　Víte něco o české .... hymně?　チェコ国歌について何かご存知ですか？

4 cizí jazyk　外国語（jazyk「言語」は単数2格で -a の方の語尾をとる）：

　　Učení .... jazyka je těžké.　外国語の学習は難しいです。

　　　　　　　　　　　　　　　　　　　○ učení 学習　○ těžký 重い；難しい

2 次のチェコ語の意味を考えてみましょう。

1 Jakub pracuje na hlavním nádraží.

2 Koupím manželce něco pěkného.　○ pěkný 素敵な、かわいい

3 Chci mluvit cizím jazykem.

　　○「○○語を話す」と言う場合、言語を表す副詞（→第8課）のほかに、「○○語」という語を7格にして表すことがあります。4格は使いませんので注意しましょう。

3 次の日本語をチェコ語に訳してみましょう。

1 私はデパートへ行きます。

2 良い眼科医を知らない？　○ dobrý oční lékař 良い眼の医者

3 私は何か甘いものが食べたいわ。　○ sladký 甘い　○ jíst 食べる

第29課 どんなスポーツが好き？

① Mám ráda zelený čaj.　　　私〔女性〕は緑茶が好きです。
② Jaký je tvůj pokoj?　　　君の部屋はどんななの？
③ Jaký máš rád sport?　　　君〔男性〕はどんなスポーツが好き？

zelený 緑の　pokoj 部屋　sport スポーツ

rád は「好き」を表す

rád は「嬉しい」や「好んで」といった意味を持つ特殊な語で、下のように主語の性別と数によって形が変わります。たとえば主語が já（私）のとき、「私」が男性なら rád，女性なら ráda を使い、また主語が my（私たち）の場合は、この中に男性が一人でもいれば rádi を、女性のみなら rády を使います。

主語が⇒	男性1人	女性1人	男性含む複数	女性のみ複数
	rád	ráda	rádi	rády

◇ Mám rád kávu「僕はコーヒーが好きです」や①など、動詞 mít「持っている」に rád を組み合わせると、「～を好んでいる」「～が好きだ」という表現になります。「好きなもの」は4格で表します。また Nemám rád kávu のように mít に否定の ne- を付けると、「好きではない、嫌いだ」となります。

◇ Rádi pracujeme「私たち〔男性含む複数〕は働くのが好きです」など、普通の動詞の活用形に rád を組み合わせると、「好んで～する」「～することが好きだ」という表現になります。

◇ Jsem ráda「私〔女性〕は嬉しいです」など、動詞 být に rád を組み合わせると「嬉しい、喜んでいる」という意味になります。

疑問詞の jaký，který，čí は形容詞と同じ変化をする

jaký「どのような」、který「どの；どちらの」、čí「誰の」は形容詞の形をした疑問詞で、jaký と který は〈-ý型〉の、čí は〈-í型〉の変化をします。

疑問詞は分離することがある

たとえば血液型（krevní skupina）をたずねたい場合、疑問詞 jaký を使って Jakou krevní skupinu máte?（直訳：どんな血液型を持っていますか）と言ってもいいのですが、実際には Jakou máte krevní skupinu? のように、疑問詞とその

疑問詞がかかっている語が離れることがよくあります。❸もこのパターンです。

1 次のチェコ語の意味を考えてみましょう。

1 Pracuješ ráda?
2 Čí je tenhle deštník?　○ deštník　傘
3 Do které banky jdeš?
4 Jakou hudbu máte rád?　○ hudba　音楽
5 Ve kterém městě bydlí váš dědeček?

○ 子音一字の前置詞は、který の前では必ず e の付いた形になります（→第25課）。

2 日本語訳に合わせて、次の空欄を埋めましょう。

1 Jana a Eva mají .... kávu.　ヤナとエヴァはコーヒーが好きだよ。
2 Na .... poštu jdete?　どちらの郵便局へ行かれるんですか？
3 .... je ta kniha?　その本は誰の？
4 .... slovník máš?　どんな辞書を持ってるの？
5 .... máte rád jídlo?　どんな食べ物がお好きですか？

3 次の日本語をチェコ語に訳してみましょう。「私」が主語の場合は、自分の性別に合わせて言いましょう。

1 私は音楽が好きです。

2 〔女性に向かって〕コーヒーはお好きですか？

3 私は旅行することが好きなんです。　○ cestovat　旅行する

4 あの車はどなたのでしょうか？

5 どんな犬を飼ってるの？　○ mít psa　犬を飼う

チェコ語の動詞は「ペア」をなす

　これまでに疑問に思われた方もいるかと思いますが、チェコ語でいわゆる「現在進行」（〜している）を表すにはどうすればいいのでしょうか。
　実はチェコ語には、英語における〈現在進行形〉のような形式は存在しません。ではどうやって現在進行を表すかというと、今まで通り、動詞をそのまま活用させるだけでいいのです。たとえば dělat を活用させて dělám と言えば、「私はしている」という現在進行の意味になります。ですから、たとえば Dělám domácí úkol で「（今）私は宿題をしています」という意味になります。
　ただしこのような現在進行を表すには、その動詞は必ず〈不完了体動詞〉でなければなりません。すなわち dělat は不完了体動詞ということになりますが、実はほとんどの不完了体動詞には相棒・(ペア) がおり、それが〈完了体動詞〉です。たとえばこの dělat とペアの完了体動詞は udělat で、どちらも日本語では「する」と訳されることがありますが、次のように本質的な違いがあります。

　　不完了体動詞（dělat）：進行中の動作・継続中の状態（〜している）、繰り返される行為（いつも〜する）を表す。
　　完了体動詞（udělat）：完了が想定された動作・行為（〜してしまう）、「一回」として意識される動作（〜する）を表す。

　つまり不完了体動詞の dělat には「している」や「いつもする」という意味が内在しており、対して完了体動詞の udělat には「してしまう」という意味が内在している、と考えてください。したがって完了体動詞の udělat を使って現在進行を表すということは原理的に不可能です。
　完了体動詞は、話し手がその動作や行為の完了を念頭に置いているときにのみ用いられます。ですからたとえば Udělám domácí úkol と言えば、「宿題をやってしまうよ」といった意味になります。

　このような完了体動詞と不完了体動詞の使い分けはチェコ語において非常に重要ですが、実はとても奥が深く、その感覚は一朝一夕に身につくものではありません。上のような大原則を念頭に置きながら、学習者自身が注意深くその感覚を身につけていかなくてはなりません。ですから本書ではこれ以降、完了体動詞の原形にアステリスク（*）を付し、また不完了体動詞は無印とすることで区別していきます。たとえば dělat, udělat* のようになりますから、注意して見てください。

動詞の「ペア」はどうやってできる？

　完了体動詞と不完了体動詞の「ペアのできかた」にはある程度決まったパターンがありますので、少し見てみましょう。アステリスク（*）の付いている方が完了体動詞で、無印の方が不完了体動詞です。

◇ 不完了体動詞の頭に「何か」が付いて、完了体動詞ができたもの
　　dělat – udělat* する　　　platit – zaplatit* 払う
　この「何か」のことを接頭辞と言います。どのような接頭辞が付くかは動詞ごとに異なり、一つずつ覚えていくしかありません。

◇ 完了体動詞に -(á)vat が付いて、不完了体動詞ができたもの
　　dát* – dávat あげる　　　získat* – získávat 得る

◇ 完了体動詞の最後を -ovat に変えて、不完了体動詞ができたもの
　　koupit* – kupovat 買う　　　půjčit* – půjčovat 貸す

◇ 完了体動詞の最後を -et に変えて、不完了体動詞ができたもの
　　vrátit se* – vracet se 帰る　　　ztratit* – ztrácet 失う
　このパターンでは母音の長さや子音の種類まで変わることがほとんどです。

◇ 完了体動詞と不完了体動詞でまったく形の異なるもの（ごく少数）
　　vzít* – brát 取る　　　položit* – klást 置く

◇ přijít*「来る」や najít*「見つける」のように、jít「行く」から派生してできた完了体動詞では、ペアの不完了体動詞は -cházet という形になります。
　　přijít* – přicházet 来る　　　najít* – nacházet 見つける
　なお jít（不完了体動詞）自体には、ペアとなる完了体動詞は存在しません。

　このように、チェコ語の動詞のペアはとても複雑です。ここでは「何となく」でけっこうですから、とりあえず上のようなパターンがあることを覚えておいてください。

　では、最後に問題です。次の文では完了体動詞と不完了体動詞のどちらを使うべきでしょうか。
　〔Vrátím se / Vracím se〕domů každý pátek.　毎週金曜に家へ帰ります。

každý pátek 毎週金曜日に

→答えは 160 ページ

第30課 明日は家にいますよ

❶ Zítra budu doma. 　　　　　　私は明日は家にいますよ。
❷ Budu pracovat i o víkendu. 　　私は週末も働く予定です。
❸ Koupím si ten český slovník zítra. 　あのチェコ語の辞書は明日買うよ。

zítra 副 明日(に)　i... …もまた　o víkendu 週末に

🛟 未来を表す方法は動詞によって異なる

チェコ語で未来を表す方法は、動詞によって使い分けが必要です。

まず動詞 být「いる・ある／である」には右のような専用の未来形があります。❶の budu はこれにあたります。また「(い)ないだろう」「ならないだろう」のように否定する場合は、nebudu, nebudeš のように頭に ne- を付けます。

být の未来形 いるだろう・あるだろう (〜に) なるだろう	
budu	budeme
budeš	budete
bude	budou

být 以外では、不完了体動詞と完了体動詞で未来の表しかたが異なります。

不完了体動詞 (dělat) の未来 = být の未来形＋動詞の原形		完了体動詞 (udělat*) の未来 =そのまま活用させるだけ	
budu dělat	**budeme** dělat	udělám	uděláme
budeš dělat	**budete** dělat	uděláš	uděláte
bude dělat	**budou** dělat	udělá	udělají

上のように、不完了体動詞ならば být の未来形と動詞の原形を組み合わせることで未来を表し、「〜しているだろう」「〜するようになるだろう」という意味になります。❷の budu pracovat はこれにあたります。対して、完了体動詞の「未来」は、❸の koupit* のようにそのまま活用させるだけです。完了体動詞は「その動作の完了」が念頭に置かれているときに使われます（→ p.76）。つまりそもそも「今後のある時点での完了（〜してしまう）」を表す動詞なので、未来を表す特別な形式は不要なのです。

◇ 不完了体動詞の未来では、být の未来形と動詞の原形は分離することもあります。また否定の場合は、nebudu dělat のように、být の未来形の方に ne- を

付けます。

◇ jít「歩いて行く」と jet「乗り物で行く」には特別な未来形があり、それぞれ pů- か po- を活用形の頭に付けます。すなわち půjdu, půjdeš... や pojedu, pojedeš... となります。

1 日本語訳に合わせて、次の動詞を未来を表す形にしましょう。

1 být : .... zítra doma?　君は明日、家にいる？
2 dělat :　Co .... zítra?　明日は何をなさるんですか？
3 dát* :　Kdy jí .... dárek?　いつプレゼントを彼女にあげるの？
4 bydlet : .... v Brně.　私たちはブルノに住む予定です。
5 jet :　Kdy .... do Polska?　君はいつポーランドへ行くの？

2 次のチェコ語の意味を考えてみましょう。

1 Kdy budeš mít čas?
2 Jaké bude zítra počasí?　○ počasí 天気
3 Odpoledne půjdu na poštu.　○ odpoledne 副 午後（に）
4 Kam pojedeme o víkendu?
5 Uděláme si pauzu.
　　　○ pauza は「休憩」、udělat* si pauzu で「休憩をとる」という意味になります。

3 次の日本語をチェコ語に訳してみましょう。

1 ペトルとヤナは明日は家にいるだろうね。

2 私たちは医師と話すつもりです。　○ lékař 医師

3 私は明日は時間がありますよ。

4 私たちは週末におばあちゃんのところへ行くつもりです。〔乗り物で〕
　　　○ babička おばあさん

第31課 銀行へはどう行きますか？

❶ Sedneme si.　　　　　　　　座りましょう。
❷ Jak se dostanu do banky?　　銀行へはどう行きますか？
❸ Řeknu Honzovi pravdu.　　　私はホンザ（Honza）に本当のことを言うわ。

sednout si* 座る、腰をかける　jak どのように　pravda 真実

◎ -nout で終わる動詞は規則的に活用する

原形が -nout で終わる動詞は、例外なく右のように活用します。nout の部分が -nu, -neš, -ne... と変化するわけですね。なおこれら〈-nout 型〉の動詞はほとんどが完了体動詞になります。

rozhod**nout*** 決定する	
rozhod**nu**	rozhod**neme**
rozhod**neš**	rozhod**nete**
rozhod**ne**	rozhod**nou**

原形が -nout でなくても〈-nout 型〉の活用をする動詞がある

次の動詞は、原形の形はさまざまですが、活用自体は〈-nout 型〉になります。よく使われる動詞がそろっていますので、ぜひ覚えましょう。

dostat* 受け取る，もらう　：dostanu, dostaneš... と活用していきます。
dostat se* 到着する，着く　：dostanu se, dostaneš se...
říct* 言う　　　　　　　　：řeknu, řekneš...（※ říkat とペアの完了体動詞）
začít 始める；始まる　　　：začnu, začneš...

◎ -a で終わる男性名詞もある

〈-a で終わる女性名詞〉の žena 型についてはすでに第21課で学びましたが、男性名詞にも -a で終わるものが存在します。右にはこの代表として předseda「議長〔男性〕」の変化を挙げています。

これら〈-a で終わる男性名詞〉は必ず活動体であり、「人間の男性」を表します。特に男性の名前は多くが a で終わる愛称形をもち、この変化になります。

1	předsed**a**　議長
2	předsed**y**
3	předsed**ovi**
4	předsed**u**
5	předsed**o**!
6	předsed**ovi**
7	předsed**ou**

たとえば❸の Honza は Jan の愛称形です。また Kučera など -a で終わる名字もこの předseda 型の変化になります。

1 日本語訳に合わせて、次の動詞を活用させましょう。

1 sednout si* :　　………………………………………？
　　　　　　　　　（あなたは）お座りになりますか？
2 dostat* :　　Kdy ………………………… novou kartu?
　　　　　　　　　いつ私は新しいカードをもらえますか？
3 dostat se* :　　Jak ………………………… na hlavní nádraží?
　　　　　　　　　（私は）どうしたら中央駅まで行けますか？
4 říct* :　　………………………………… Jirkovi pravdu?
　　　　　　　　　君はイルカ（Jirka）に真実を言うのか？
　　　　　　　　　　　　　　　○ Jirka は男性の名前 Jiří の愛称形です。
5 začít* :　　Kdy ………………………… škola?　学校はいつ始まりますか？

2 次の語を適切な形に変化させ、文の意味も言いましょう。

1 kolega 同僚〔男性〕：　Jdu s ………………………… na oběd.
2 pan Kučera :　　Znáte …………………………？
3 Honza :　　………………………… se tenhle počítač nelíbí.
4 Jirka :　　Co víš o …………………………？

3 次のチェコ語の意味を考えてみましょう。

1 Jak se dostaneme na hlavní poštu?
2 Můžu říct panu Kučerovi pravdu?
3 Kdy začneš pracovat?

4 次の日本語をチェコ語に訳してみましょう。

1 （私たちは）いつホンザ（Honza）に本当のことを言おうか？

………………………………………………………………………………

2 私は来週、新しい本を受け取ります。　○ příští týden 来週（に）

………………………………………………………………………………

第32課 何を読んでるの？

❶ Co čteš? — Čtu časopis.　　何を読んでるの？ — 雑誌を読んでるんだよ。
❷ Co piješ? — Piju zelený čaj.　　何を飲んでるの？ — 緑茶を飲んでるの。

číst 読む　pít 飲む

◯ 語幹交替型の動詞は、原形からは活用時の形がわからない

　この型に該当する動詞は、活用時の語尾（-u, -eš, -e, -eme, -ete, -ou）が共通しているだけで、原形の終わりかたはさまざまです。しかも活用時の〈語幹〉がどのような形になるかは、原形を見ただけでは判断できません。語幹とは、動詞が主語に応じて活用しても常に一定の、変化しない部分のことです。以下、この型に属する代表的な動詞とその活用を具体的に見てみましょう。カッコ内が語幹です。

číst 読む （語幹＝čt-）

čtu	čteme
čteš	čtete
čte	čtou

chápat 解る　(cháp-) chápu, chápeš...	psát 書く　(píš-) píšu, píšeš...
nést 持ち運ぶ　(nes-) nesu, neseš...	ukázat* 示す　(ukáž-) ukážu, ukážeš...
poslat* 送る　(pošl-) pošlu, pošleš...	vést 導く　(ved-) vedu, vedeš...

　このような〈語幹交替型〉の動詞では、原形とともに活用時の形までセットで覚えなければなりません。また先に学んだ jít, jet （→第17課）や moct （→第19課）もこの型にあてはまります。

◯ 語幹が交替して語幹末がjになる動詞は〈-ovat型〉に似た活用をする

　右の žít が žij- となるように、原形から語幹の形が変わり、その最後が j になる動詞は、主語が já と oni のときの活用形に口語形（-ju, -jou）と文語形（-ji, -jí）があります。つまり〈-ovat 型〉（→第16課）と同じです。

žít 生きる, 暮らす

žiju / -ji	žijeme
žiješ	žijete
žije	žijou / -jí

hrát 遊ぶ　(hraj-) hraju/-ji, hraješ...	pít 飲む　(pij-) piju/-ji, piješ...

◯ -átで終わるが〈-it型〉の活用をする動詞が三つある

　spát「眠っている」は、原形は -át で終わりますが、活用は spím, spíš, spí,

spíme, spíte, spí となり、実質的には〈-it 型〉です。ほかに stát「立っている」（stojím, stojíš...）や bát se「恐れる」（bojím se, bojíš se...）も〈-it 型〉の活用をします。原形と活用形がかなり違いますので注意しましょう。

1 日本語訳に合わせて、次の動詞を活用させましょう。

1 číst ： Co teď ....? あなたは今、何を読んでいるんですか？

2 ukázat* ： .... vám nové auto. 僕は君たちに新車を見せるよ。

3 psát ： Teď .... e-mail. 私は今メールを書いています。

○ e-mail [ímejl]（パソコンの）メール

4 žít ： Jana .... s maminkou. ヤナはお母さんと暮らしています。

5 pít ： .... víno? あなたはワインを飲んでいるんですか？

6 spát ： Miminko .... 赤ちゃんが眠っています。

○ miminko 赤ちゃん

2 次のチェコ語の意味を考えてみましょう。

1 Pošlu vám fotku. ○ fotka 写真

2 To já vůbec nechápu.

3 Můj bratr stojí před kinem. ○ kino 映画館

4 Kde jsou Pavel a Karel? Hrajou fotbal?

○ hrát には「（〜を）プレーする」という意味もあります。

3 次の日本語をチェコ語に訳してみましょう。

1 明菜はチェコ語の本を読んでいます。 ○ český チェコ語の

2 ヤナは今メールを書いています。

3 彼女のお兄さんはサッカーをプレーしています。

4 私たちはプラハに暮らしています。

第33課 何について話してるの？

❶ Neznám toho učitele. 　　　私はその先生のことは知らない。
❷ Komu dáš tu fotku? 　　　その写真、誰にあげるの？
❸ O čem mluvíte? 　　　君たちは何について話してるの？

ten「あの・その」は格変化する

第5課で見た通り、チェコ語で「あの・その」を表すには、付く名詞の性ごとに ten, ta, to を使い分けます。ただしこれらはあくまでも単数1格に付くときの形であり、その他の格ではやはりそれ相応の形に変化します。なおこれらは、辞書の見出し語としては男性単数1格形の ten で代表されます。

ten が名詞の単数形に付くときの格変化は下のようになります。

	男性 活動体	男性 不活動体	中性	女性	
1, 5	ten	ten	to	ta	1
2	toho	toho		té	2
3	tomu	tomu		té	3
4	toho	ten	to	tu	4
6	tom	tom		té	6
7	tím	tím		tou	7

「この」の意味を加える -hle や -to は、tohohle, tomuhle, téhle; tohoto, tomuto, této などのように、これらの変化形のうしろに付けます。また「これ，それ；そのこと」という意味の〈名詞的な to〉は、上の中性と同じ変化をします。

co「何」と kdo「誰」も格変化する

疑問詞の co と kdo も格によって形が変わります。またこれらの頭に ně- を加えると、něco は「何か」、někdo は「誰か」という意味になります。変化のしかたは右と同じで、たとえば něco の2格は něčeho、また někdo の2格は někoho となります。

1	co	kdo
2	čeho	koho
3	čemu	komu
4	co	koho
6	čem	kom
7	čím	kým

1 次の語を適切な形に変化させ、文の意味を言いましょう。

1 ta kavárna あの喫茶店： Jana pracuje v ....
2 ten učitel あの先生〔男性〕： Mluvíme o ....
3 tohle náměstí この広場： Orloj je na .... ○ orloj 天文時計
4 kdo 誰： O .... mluvíš?
5 něco 何か： Hledáte .... ? ○ hledat 探す

2 次のチェコ語の意味を考えてみましょう。

1 Ten kabát si koupím zítra. ○ kabát コート、外套
2 Můžu dát téhle kočce rybu? ○ ryba 魚
3 Hledáš někoho?
4 S kým přijde slečna Černá? ○ přijít* 来る（活用は jít と同じ：přijdu, přijdeš...）
5 Čím jezdíte do školy ? ○ jezdit（乗り物で）通う
   ○ co の7格で、「何の乗り物を使って」と交通手段をたずねることができます。

3 次の日本語をチェコ語に訳してみましょう。

1 あの先生を知ってる？ ○ učitelka 先生〔女性〕

2 カレル（Karel）はあの美人のパートナーと一緒に来るよ。
   ○ hezká partnerka 美人のパートナー

3 彼らは誰を探してるの？

4 （私たちは）何であの銀行へ行きましょうか？〔交通手段をたずねる〕

第34課 彼女のこと、どう思う?

❶ Tam je park. Vidíte ho?　　　あそこに公園があります。見えますか?
❷ Tam je Jana. Co si o ní myslíš?　あそこにヤナがいる。彼女のことどう思う?

vidět 見る、見える　myslet (si)（個人的に）考える・思う

🛟 on や ona の変化形は、普通の名詞の代わりにもなる

　1格形の on と ona は基本的には人間の「彼」「彼女」を表します。しかしこれら人称代名詞の変化形（＝1格以外の形）は人間のみならず普通の名詞の代わりもします。すなわち❶のように on の変化形 ho を使って男性名詞 park を表わしたり、また ona の変化形を使って女性名詞を表わしたりできるのです。なお ono とその変化形は中性名詞の代わりをしたり、また miminko「赤ちゃん」など中性名詞で表される人間の代わりをすることができます。

	単独 (一般形／文語形)	前置詞の後 (一般形／文語形)		単独	前置詞の後
1	on・ono	−	1	ona	−
2	ho / jej	něj / něho	2	jí	ní
3	mu	němu	3	jí	ní
4	ho / jej	něj / něho※	4	ji	ni
6	−	něm	6	−	ní
7	jím	ním	7	jí	ní

　上のように、単独で用いる場合の変化形（つまり〈2番目〉に置くときの形）と、前置詞のうしろに付くときの形がそれぞれ異なります。また on と ono はほぼ共通の格変化になりますが、2・4格で一般形（最もふつうの形で、話す際にも書く際にも用いる形）と文語形があり、とてもややこしくなっています。

◇〈前置詞の後〉の4格文語形 něho※が代わりをすることができるのは男性活動体名詞のみです。対して一般形の něj では、男性活動体・不活動体名詞および中性名詞のすべてを受けることができます。

◇ ono の4格には〈単独〉の je と〈前置詞の後〉の ně という形も存在しますが、非常に堅苦しい形であり、特に日常会話ではほとんど用いられません。

◇ on や ono を強調する際には、2格と4格で jeho を、3格で jemu を使います。ona の場合は〈単独〉のときと同じ形を用います。

1 次の空欄に適切な語を書き入れ、文の意味を言いましょう。

1 Tam je nové kino. Vidíš .... ?
2 Tam sedí moje kamarádka. Už .... znáš?　○ kamarádka 友達〔女性〕
3 Znáš Honzu? Co si o .... myslíš?
4 Vidíš to černé auto? V .... sedí můj tatínek.
5 Orloj je tamhle. Vidíte .... ?

　　　　　　○ tamhle は tam と同じ意味ですが、「ほら、あそこに」という感じがでます。

2 次のチェコ語の意味を考えてみましょう。

1 Kdo je ten hezký kluk? Nevíš o něm něco?　○ kluk 男の子
2 Máte rád fotbal? Hrajete ho?
3 Znáš Věru? Teď o ní hovoříme.
4 Vidíte tu velkou školu? Můj syn do ní chodí.

　　　　　　○ velký 大きい　○ syn 息子　○ chodit（歩いて）通う

3 次の日本語をチェコ語に訳してみましょう。

1 ノヴァーク（Novák）氏をご存知ですか？　彼についてどう思われますか？

　　　　　　..

2 あの女の子は誰？　彼女について何か知らない？　○ holka 女の子

　　　　　　..

3 これは新しい本です。私は今これを読んでいるところです。

　　　　　　..

4 君はメールを書いているの？　いつそれを送るの？

　　　　　　○ e-mail, -u メール　○ psát 書く　○ poslat* 送る

　　　　　　..

時の表現

ここではチェコ語の「時を表す言葉」をひととおり見てみましょう。

一日 (den) の時間帯を表す言葉

ráno　朝（に）	odpoledne　午後（に）
dopoledne　午前（に）	večer　晩（に）
poledne　正午／v poledne　正午に	noc　夜／v noci　夜に

poledne と noc に限り、「〜に」と言う場合に前置詞 v が必要ですが、これら以外では名詞をそのままの形で使います。

昨日・今日・明日

včera　昨日に	／včerejšek　昨日〔2格形：včerejška〕
dnes, dneska（口語）　今日に	／dnešek　今日〔2格形：dneška〕
zítra　明日に	／zítřek　明日〔2格形：zítřka〕

včera, dnes(ka), zítra はいずれも副詞（「〜に」を表す語）であって、名詞ではないことに注意しましょう。名詞の včerejšek, dnešek, zítřek は、od「〜から」や do「〜まで」（いずれも2格をとる前置詞）とともに、od včerejška「昨日から」や do zítřka「明日まで」といった表現に使います。od včera や do zítra のように、前置詞のうしろに副詞をそのままの形でつづけることも可能です。

また、včera večer「昨日の晩に」、dnes v noci「今日の夜に」、zítra odpoledne「明日の午後に」など、včera, dnes(ka), zítra は一日の時間帯を表す言葉と組み合わせることもできます。

週 (týden) における曜日の名前

	曜日の名前〔2格形〕	〜曜日に [v/ve + 4格]
月曜日	pondělí〔pondělí〕	v pondělí
火曜日	úterý〔úterý〕	v úterý
水曜日	středa〔středy〕	ve středu
木曜日	čtvrtek〔čtvrtka〕	ve čtvrtek
金曜日	pátek〔pátku〕	v pátek
土曜日	sobota〔soboty〕	v sobotu
日曜日	neděle〔neděle〕	v neděli

◇「〜曜日に」と言う場合は、前置詞 v（子音が連続する語の前では ve）に曜日の名前の 4 格形をつづけて表します。2 格形は od や do とともに用います。

例）od pondělí do pátku　月曜日から金曜日まで

◇「週末」は víkend で、「週末に」は o víkendu と言います。
◇「来週（に）」は příští týden,「今週（に）」は tento / tenhle týden,「先週（に）」は minulý týden となります。
◇ Který den je dnes? または Co je dnes za den? で、「今日は何曜日ですか？」とたずねる定型表現になります。Dnes je pondělí.「今日は月曜日です」のように答えます。

月（měsíc）の名前

	名前 / 2 格形	〜月に [v+6]		名前 / 2 格形	〜月に [v+6]
1 月	leden / -dna	v lednu	7 月	červenec / -nce	v červenci
2 月	únor / -a	v únoru	8 月	srpen / -pna	v srpnu
3 月	březen / -zna	v březnu	9 月	září / -í	v září
4 月	duben / -bna	v dubnu	10 月	říjen / -jna	v říjnu
5 月	květen / -tna	v květnu	11 月	listopad / -u	v listopadu
6 月	červen / -vna	v červnu	12 月	prosinec / -nce	v prosinci

◇「何月に」と言うには、v に月の名前の 6 格形をつづけて表します。
◇「何月何日（に）」と言う場合は、「〜番目の」を表す順序数詞（→ p.106、形容詞と同じ変化をする）の男性単数 2 格形と、月の名前の 2 格形を組み合わせます。つまり「1 月 1 日」なら、順序数詞 první「1 番目の」の男性単数 2 格形 prvního と、leden「1 月」の 2 格形 ledna を組み合わせて、prvního ledna とします。
◇ Kolikátého je dnes? で「今日は何月何日ですか」とたずねる定型表現になります。答えかたは次のようになります。

Dnes je sedmnáctého listopadu.　今日は 11 月 17 日です。
Je dvacátého osmého (osmadvacátého) října.　10 月 28 日です。

季節（roční období）

四季を表す語は次の通りですが、「〜に」と言う場合、それぞれがとる前置詞や格が異なります。これらはそのままの形で覚えてしまいましょう。

jaro 春 / na jaře 春に	podzim 秋 / na podzim 秋に
léto 夏 / v létě 夏に	zima 冬 / v zimě 冬に

第35課 カレルはもう家へ帰ったよ

❶ Včera Pavel dělal domácí úkol.　昨日パヴェルは宿題をしていた。
❷ Věra byla v bance.　ヴィエラは銀行にいた。
❸ Karel už šel domů.　カレルはもう家へ帰ったよ。

včera 副 昨日(に)　už 副 もう　banka 銀行　jít domů 家へ帰る

🔵 三人称の過去は ℓ 分詞のみで表す

チェコ語で過去を表すにあたって、まず必要となるのは〈ℓ分詞〉です。動詞の原形から -t を取り、代わりに -l を付けてつくるのが基本で、たとえば dělat の ℓ 分詞なら dělal になります。その上で、主語の性や単数/複数に応じて、右のように -a や -o, -i や -y などを足します。

	主語が↓のときに用いる
dělal	単数の男性（名詞）
dělala	単数の女性（名詞）
dělalo	単数の中性名詞
dělali	複数の男性（活動体名詞）
dělaly	複数の男性不活動体名詞／複数の女性（名詞）
dělala	複数の中性名詞

この課ではまず、いわゆる三人称（彼・彼女・彼ら；単数や複数のモノ）の「過去」だけを学びます。三人称の過去は ℓ 分詞のみで表すことができるからです。

原形がごく短い動詞が ℓ 分詞になる場合は、dát* ⇒ dal のように母音が短くなることがほとんどです。ただし hrát「遊ぶ」⇒ hrál など母音が短くならない動詞もあります。これらは辞書などで確認しましょう。

být	⇒ byl
dát* 与える	⇒ dal
pít 飲む	⇒ pil
jít 行く	⇒ šel, šla, šlo; šli, šly, šla

また jít「(歩いて)行く」の ℓ 分詞は特殊で、男性単数形の šel にはある e が、そのほかの形では消えてしまいます。これは přijít*「(歩いて)来る」など jít から派生してできた動詞についても同じで、ℓ 分詞は přišel, přišla, přišli といった具合になります。

さらに次のように、ℓ 分詞が独自の形になる動詞は数多く、根気強くひとつずつ覚えていくしかありません。

číst 読む	⇒ četl	mít 持つ	⇒ měl	vést 導く	⇒ vedl
chtít 欲する	⇒ chtěl	moct できる	⇒ mohl	vzít* 取る	⇒ vzal
jíst 食べる	⇒ jedl	říct* 言う	⇒ řekl	začít* 始める	⇒ začal

なお、過去形を否定の形にするには、nedělal のように ℓ 分詞の頭に ne- を付けます。

1 次の動詞を、過去を表す形に変えましょう。主語の性別と単数／複数に注意しましょう。

1　udělat*：　Eva .... domácí úkol.　エヴァは宿題をやり終えた。
2　být：　　 Pavel .... v kavárně.　パヴェルは喫茶店にいた。
3　jít：　　　Petr a Karel .... na poštu.　ペトルとカレルは郵便局へ行ったよ。
4　číst：　　 Dopoledne Miloš .... knihu.　午前中ミロシュは本を読んでいた。
　　　　　　　　　　　　　　　　　　　　　　　　○ dopoledne 副 午前（に）
5　líbit se：　To kino .... mi moc ....　あの映画館はとても気に入っていた。

2 次のチェコ語の意味を考えてみましょう。

1　Udělali si pauzu.
2　Jirka chtěl mluvit s Věrou, ale nemohl.　○ ale しかし
3　Miloš už přečetl tu knihu.　○ přečíst* 読む〔číst とペアの完了体動詞〕
4　Jana napsala e-mail a poslala ho.　○ napsat* 書く〔psát とペアの完了体動詞〕
5　Honza řekl, že přijde zítra.　○ チェコ語にはいわゆる「時制の一致」はなく、že 以降を過去形にする必要はありません。

3 次の日本語をチェコ語に訳してみましょう。

1　エヴァ（Eva）は銀行で働いていた。　　○ pracovat 働く

2　ペトル（Petr）は地下鉄で郵便局へ行ったよ。　○ metro 地下鉄
　　　　　　　　○ jet「（乗り物で）行く」の ℓ 分詞は、-t を -l にするだけです。

3　昨日パヴェル（Pavel）とカレル（Karel）はサッカーをしていた。
　　　　　　　　　　　　　　　　　　　　　　　　○ hrát プレーする

4　ヤン（Jan）とヴィエラ（Věra）はたくさん食べた。　○ hodně 副 たくさん

第36課 そのコート、いつ買ったの？

1. Včera jsem byl v kině. 　　昨日僕は映画館にいたよ。
2. Kdy sis koupila ten kabát? 　　そのコート、いつ買ったの？
   — Koupila jsem si ho v neděli. 　　—日曜に買ったの。
3. Zapomněla jsem heslo! 　　パスワードを忘れちゃった！

v neděli 日曜に　zapomenout* 忘れる　heslo パスワード

🛟 já, ty, my, vy の過去は ℓ 分詞と být を組み合わせる

já, ty, my, vy の「過去」は、ℓ 分詞に být の活用形を組み合わせて表します。

já	jsem dělal	（男）	my	jsme dělali	（男複）	
	jsem dělala	（女）		jsme dělaly	（女のみ複）	
ty	jsi dělal	（男）	vy	jste dělal / dělala	（男単 / 女単）	
	jsi dělala	（女）		jste dělali / dělaly	（男複 / 女複）	
on	dělal	（男単）	oni	dělali	（男活・複）	
ona	dělala	（女単）	ony	dělaly	（男不活・複 / 女複）	
ono	dělalo	（中単）	–	dělala	（中複）	

◇ このような「過去時制における být の活用形」は、文の中で必ず〈2番目〉の位置に来ます。一方、ℓ 分詞は文のどの位置にでも置くことが可能ですから、být の活用形から離れることもあります。

◇ 過去の否定を表すときは、(já) jsem nedělal「僕はしなかった」のように ℓ 分詞の頭に ne- を付けます。

◇ 同じ文の中に se, si や人称代名詞の変化形（mě, ti, ho など）がある場合、これらは být の活用形のうしろにつづきます。ただし ty が主語で文中に se, si がある場合は、次のような縮約形も使われます。

　　učil **jsi se** ⇔ učil **ses**　　koupil **jsi si** ⇔ koupil **sis**

　次ページの表のように、原形が -nout で終わる動詞では、n の直前が子音であるか、または母音であるかで ℓ 分詞のつくりかたに差が出ます。また、zapomenout*「忘れる」など -pomenout で終わる動詞の ℓ 分詞は特殊な形になります。

〜子音＋nout ⇒ nout を取り、＋l	rozhodnout* 決める	⇒ rozhodl
〜母音＋nout ⇒ nout を取り、＋nul	minout* 過ぎ去る	⇒ minul
-menout ⇒ menout を取り、＋mněl	zapomenout* 忘れる	⇒ zapomněl

1 日本語訳に合わせて、次の動詞を過去を表す形に変えましょう。主語が「私」の場合は、自分の性別に合わせて文をつくりましょう。

1 udělat*：　　　　　　　　　　jsme si pauzu.　私たちは休憩をとりました。

2 přečíst*：　Už　　　　　　　　tuhle knihu.　私はもうこの本は読んだ。

3 napsat*：　Ahoj, Petře! Už　　　　　　　　referát?
　　　　　　　やあペトル！　もうレポートは書き終えたの？　◦ referát レポート

4 být：　　　Kde　　　　　　　　včera?　昨日君たちはどこにいたの？

5 vidět：　　Včera　　　　　　　　nový japonský film.
　　　　　　　昨日私は新しい日本映画を見たんです。

2 次のチェコ語の意味を考えてみましょう。

1 Dobrý den, slečno Věro. Kdy jste se do Prahy vrátila?

2 Kde sis koupila tu pěknou šálu?　◦ pěkný 素敵な、かわいい　◦ šála マフラー

3 Slyšel jsem, že dneska Honza nepřijde.　◦ dneska 副 今日（に）

4 Dostal jsem horečku.
　◦ horečka は「（病気のときの）熱」、dostat* horečku で「熱が出る」の意味になります。

3 次の日本語をチェコ語に訳してみましょう。

1 私たちは週末も働いていました。　◦ i ... …も　◦ o víkendu 週末に

2 君〔男性〕はなんでその雑誌を買ったの？　◦ proč なぜ　◦ časopis, -u 雑誌

3 こんにちは、エヴァさん (slečna Eva)。週末はどちらにいらしたんですか？

4 （私は）お財布を忘れちゃった！　◦ peněženka 財布

第37課 学生たちは日本語を専攻しています

🛟 pán 型と muž 型は複数形としての変化も異なる

第18課で触れましたが、チェコ語の名詞には〈複数形〉も存在し、それぞれの格にしたがって形が変わります。子音で終わる活動体の男性名詞が pán 型か muž 型の変化に分かれることは第23課で学びましたが、今度はそれぞれが複数形としてはどのように格変化するのかを見てみましょう。

	pán 型・複数変化		muž 型・複数変化
複1	páni ☆, pánové / občané	複1	muži, mužové / učitelé
複2	pánů	複2	mužů
複3	pánům	複3	mužům
複4	pány	複4	muže
複5	=1	複5	=1
複6	pánech / klucích ★	複6	mužích
複7	pány	複7	muži

→単数の変化表は第23課

◇ 活動体の男性名詞で最も面倒なのは複数1格形のつくりかたです。pán 型、muž 型ともに -i, -ové, -é の3つの語尾があり、これを語ごとに使い分けます。

・pán 型でも muž 型でも、複数1格で最も一般的な語尾は -i です。ただし -k, -h, -ch, -r で終わる語（すべて pán 型）に -i が付く場合は、次のように子音ごと音が変わります。

元の形 ⇒ 複数1格☆	-k ⇒ -ci	-h ⇒ -zi	-ch ⇒ -ši	-r ⇒ -ři

    Slovák スロヴァキア人男性 ⇒ Slováci　　Čech チェコ人男性 ⇒ Češi
    profesor 教授 ⇒ profesoři

・psycholog「心理学者」など、-g で終わる語（pán 型）は通常 -ové をとります。また次のような語は、-ové をとることが慣例で決まっています。
    syn 息子 ⇒ synové（pán 型）　　otec 父 ⇒ otcové（muž 型）

・-an, -el（pán 型）や -tel（muž 型）で終わる語には、ふつう -é を付けます。
    občan 市民 ⇒ občané　　učitel 教師 ⇒ učitelé

◇ -k, -g, -h, -ch で終わる pán 型の語は、複数6格で以下の形になります。

元の形 ⇒ 複数6格★	-k ⇒ -cích	-g / -h ⇒ -zích	-ch ⇒ -ších

    Slovák ⇒ Slovácích　　Čech ⇒ Češích

1 次の語を指定された格〔複数〕に変化させ、文の意味を言いましょう。

1 kluk　男の子：　　　　　　　　　　hrajou fotbal.　〔複1格〕
2 učitel, -e　先生：　　　　　　　　　tam nebyli.　〔複1格〕
3 Japonec, -nce　日本人：　　　　　　hodně pracujou.　〔複1格〕
4 student　学生：　　Tenhle slovník se　　　　　　　　　nelíbí.　〔複3格〕
5 bratr　兄弟：　　　Mám　　　　　　　　　.　〔複4格〕

2 次のチェコ語の意味を考えてみましょう。

1 Češi hodně pijou.
2 Tady je seznam studentů.　　○ seznam　リスト、一覧
3 Řekla jsem bratrům o vánočním plánu.　　○ vánoční　クリスマスの　　○ plán　計画
4 Zítra budeme mluvit s lékaři.
5 Znáš nějaký vtip o Češích?　　○ nějaký　何らかの　　○ vtip　ジョーク

3 次の日本語をチェコ語に訳してみましょう。

1 学生たちは日本語を専攻しています。
　　　　　　　　　　　　　　　　○ studovat　専攻する　　○ japonština　日本語

2 男の子たちは喫茶店へ行ったよ。　　○ kavárna　喫茶店

3 これは犬についての雑誌です。　　○ časopis, -u　雑誌

4 日本人についてのそのジョークは変だね。　　○ divný　奇妙な

5 私は明日、教授たちと話してみます。　　○ profesor　教授

第38課 私たちにはお金が必要なんです

🛟 hrad 型と stroj 型も複数形としての変化が異なる

第24課で見た通り、不活動体の男性名詞は hrad 型か stroj 型の変化をしますが、この課ではそれぞれの複数形としての格変化を学びましょう。

	hrad 型・複数変化
複1	hrady
複2	hrad**ů**
複3	hrad**ům**
複4	hrady
複5	=1
複6	hrad**ech** / vlacích ★
複7	hrady

	stroj 型・複数変化
複1	stroj**e**
複2	stroj**ů**
複3	stroj**ům**
複4	stroj**e**
複5	=1
複6	stroj**ích**
複7	stroj**i**

→単数の変化表は第24課

◇ -k, -g, -h, -ch で終わる hrad 型の語は、複数6格で以下の形になります。

元の形 ⇒ 複数6格★	-k ⇒ -cích	-g / -h ⇒ -zích	-ch ⇒ -ších

例） vlak 電車 ⇒ vlacích

🛟 「ひとつ」でも複数形で用いられる名詞がある

「ひとつ」または「ひとつのまとまり」として認識されるものでも、複数形のみでしか用いられない名詞があります。これを〈複数名詞〉といいます。たとえば šaty は「（ひとつの）ドレス」という意味の複数名詞で、いつでも複数形として、hrad 型の通りに格変化をします。つまり šatů〔2格〕、šatům〔3格〕のように変化していくわけですね。šachy「チェス」なども同様です。

1	peníze
2	peněz
3	penězům
4	peníze
6	penězích
7	penězi

「お金」という意味の peníze も複数名詞ですが、右上のように不規則な格変化をしますので注意しましょう。

1 次の語を指定された格〔複数〕に変化させ、文の意味を言いましょう。

1. dárek, -rku プレゼント： Pod stromečkem jsou ＿＿＿＿． 〔複1格〕
    ○ pod 〜の下に〔7格をとる前置詞〕 ○ stromeček, -čku クリスマスツリー
2. počítač パソコン： V knihovně jsou ＿＿＿＿． 〔複1格〕 ○ knihovna 図書館
3. peníze お金： Teď nemám ＿＿＿＿． 〔複4格〕
4. film 映画： Jaké ＿＿＿＿ máte rád? 〔複4格〕
5. film： Jan a Pavel často hovoří o ＿＿＿＿． 〔複6格〕

2 次のチェコ語の意味を考えてみましょう。

1. Maminka nám kupuje dárky. ○ kupovat〔koupit*とペアの不完了体動詞〕
2. Koupil jsem si knihu o vlacích.
3. Ta holka v šatech je moje kamarádka Eva.
4. Já jsem bez peněz. ○ bez 〜なしで〔2格をとる前置詞〕
5. Máte rád knedlíky? ○ knedlíky クネドリーキ（knedlík の複数形。チェコの主食料理である茹でパンのこと。）

3 次の日本語をチェコ語に訳してみましょう。

1. これはパソコン〔複数〕のカタログです。 ○ katalog カタログ

2. ヤンとエヴァはパソコン〔複数〕について話してるよ。

3. 私は妻におみやげ〔複数〕を買っているところです。
    ○ manželka 妻 ○ suvenýr おみやげ

4. 私たちにはお金が必要なんです。 ○ potřebovat 必要とする

5. あなたはチェスはされますか？ ○ hrát プレーする (hraju, hraješ...)

第39課 誕生日はいつですか？

🛟 -a で終わる女性名詞と男性名詞は複数でも違う変化をする

すでに学んだように、-a で終わる女性名詞は žena 型の、また -a で終わる男性名詞は předseda 型の変化をしますが、今度はそれぞれが複数形としてはどのように変化するのかを学びましょう。

žena 型・複数変化		předseda 型・複数変化	
複1	ženy	複1	předsed**ové** / turis**té**
複2	žen / sester	複2	předsed**ů**
複3	žen**ám**	複3	předsed**ům**
複4	ženy	複4	předsedy
複5	=1	複5	=1
複6	žen**ách**	複6	předsed**ech** / kolez**ích** ★
複7	žen**ami**	複7	předsedy

→ žena 型の単数の変化表は第21課、předseda 型は第31課

◇ žena 型の複数2格は、単数1格形（元の形）から a を取り去った形になります。ただしその形が子音の連続で終わる場合は、原則としてその間に e が挿入されます。たとえば sestra「姉/妹」は sester となり、sestr とはなりません。ただし e を挿入しない語も少数ですが存在します（cesta「道」⇒ cest）。

◇ žena 型に属する複数名詞は数が多く、たとえば noviny「新聞」、kalhoty「ズボン」、dějiny「歴史」、narozeniny「誕生日」、prázdniny「（長い）休暇」などがあります。また Čechy「ボヘミア地方」など、複数名詞の地名も存在します。
　　例）do Čech〔2格〕, v Čechách〔6格〕

◇ předseda 型の複数1格は、元の形の -a を -ové に替えるのが基本です。ただし turista「旅行者」など -ista で終わる語では、turisté のように -a を -é に替えます。

◇ -ka, -ga, -ha, -cha で終わる předseda 型の語は、複数6格で以下の形になります。

元の形 ⇒ 複数6格 ★	-ka ⇒ -cích	-ga / -ha ⇒ -zích	-cha ⇒ -ších

　　例）kolega 同僚〔男性〕⇒ kolezích

1 次の語を指定された格〔複数〕に変化させ、文の意味を言いましょう。

1. kočka 猫： Pod stromem spí ……………………．〔複1格〕
   ○ strom 木 ○ spát 眠る (spím, spíš... →第32課)
2. jahoda イチゴ ： Máš rád ……………………？〔複4格〕
3. kamarádka 友人〔女〕： Kupuju …………………… dárky.〔複3格〕
4. Čechy ボヘミア地方： Žiju v ……………………．〔複6格〕
5. hokejista ホッケー選手〔男〕： Oni hovoří o ……………………．〔複6格〕
6. hračka おもちゃ： Tam je obchod s ……………………．〔複7格〕
   ○ obchod s＋7格で、「〜を売っているお店」という意味になります。

2 次のチェコ語の意味を考えてみましょう。

1. Půjdu se sestrami do té nové kavárny.
2. Tatínek si čte noviny. ○ číst si 個人的に、じっと読む
3. To jsem četl v novinách.
4. Kolegové jsou na obědě. ○ kolega 同僚〔男〕
5. Už jsi to řekla kolegům?

3 次の日本語をチェコ語に訳してみましょう。

1. これは猫〔複数〕についての本です。

2. カレルはいつも女の子〔複数〕について話しているよ。
   ○ pořád 〔副〕いつも ○ holka 女の子

3. 私には姉妹〔複数〕がいます。

4. 誕生日はいつですか？ ○「いつ誕生日を持っていますか」と考えます。

第40課 私はよく DVD を買います

🛟 město 型と náměstí 型の中性名詞も複数での変化が分かれる

第25課で学んだ通り、-o で終わる中性名詞は město 型の、また -í で終わる中性名詞は náměstí 型の変化をしますが、今度はそれぞれが複数形としてどのように格変化するのかを見てみましょう。

město 型・複数変化		náměstí 型・複数変化	
複1	města	複1	náměstí
複2	měst / oken	複2	náměstí
複3	městům	複3	náměstím
複4	města	複4	náměstí
複5	=1	複5	=1
複6	městech / střediskách	複6	náměstích
複7	městy	複7	náměstími

→単数の変化表は第25課

◇ město 型の複数2格は、単数1格形（元の形）から o を取り去った形になります。ただしその形が子音の連続で終わる場合は、原則としてその間に e が挿入されます。たとえば okno「窓」は oken となり、okn とはなりません。なお město の複数2格形は měst となりますが、これは例外的なケースです。

◇ -ko, -go, -cho, -ho で終わる město 型の語は、複数6格で -ách の語尾をとります。

　　例) středisko 中心地 ⇒ střediskách

◇ město 型に属する複数名詞には、ústa「口」や záda「背中」など身体の部位を表す語や、vrata「門」などの語があります。

🛟 -um で終わる中性名詞もある

centrum「中心地」や album「アルバム」など、-um で終わる語（ラテン語が起源のもの）は、チェコ語では中性名詞として扱われます。格変化させる際は um 自体を取り去った後に město 型と同じ語尾を付けます。

　　centrum ⇒ centra〔単数2格〕, centrem〔単数7格〕, centrům〔複数3格〕

ただし複数での格変化は、語によっては město 型の通りにならないこともありますので、辞書などで確認しましょう。

1 次の語を指定された格に変化させ、文の意味を言いましょう。

1 mýdlo 石けん： Mámo, kde jsou ....? 〔複1格〕 ○ máma ママ
2 okno 窓： Můžu zavřít ....? 〔複4格〕
　　　　　　　　　　　　　　　　　　　　　　○ zavřít* 閉める（zavřu, zavřeš...）
3 cédéčko CD： Mám .... Karla Gotta. 〔複4格〕
4 auto 車： To je časopis o .... 〔複6格〕
5 vízum ビザ： Potřebuju .... 〔単4格〕
6 centrum 中心部： Bydlíme v .... města. 〔単6格〕

2 次のチェコ語の意味を考えてみましょう。

1 Bolí mě záda.
2 Karel zavřel ústa. ○ zavřel〔zavřít*のℓ分詞〕
3 Jedu metrem do centra města. ○ centrum 中心地
4 Kde jsou alba fotek? ○ album アルバム ○ fotka 写真
5 Jak se dostanu do národního muzea? ○ národní 国民の ○ muzeum 博物館

3 次の日本語をチェコ語に訳してみましょう。

1 Tシャツ〔複数〕はどこにあるの？ ○ tričko Tシャツ

2 これは飛行機〔複数〕についての本です。 ○ letadlo 飛行機

3 私はよくDVD〔複数〕を買います。
　　　　　　　○ často よく、頻繁に ○ dévédéčko DVDソフト ○ kupovat 買う

4 なんで君は窓〔複数〕を閉めているの？
　　　　　　　○ zavírat 閉める〔zavřít*とペアの不完了体動詞〕

第41課 チェルニー氏をご存知ですか？

🔵 形容詞も複数形としての格変化をする

　形容詞が名詞の複数形に付くときも、やはりその名詞の性や格に応じて形が変わります。その変化は下のようになります。

〈ý 型〉dobrý の複数変化

	男性活動体	男性不活動体	中性	女性
複1,5	dobří ☆	dobré	dobrá	dobré
複2	dobrých			
複3	dobrým			
複4	dobré	dobré	dobrá	dobré
複6	dobrých			
複7	dobrými			

〈í 型〉cizí の複数変化

	全性
複1,5	cizí
複2	cizích
複3	cizím
複4	cizí
複6	cizích
複7	cizími

→形容詞の単数での変化表は第27課（-ý 型）と第28課（-í 型）

　〈-ý 型〉の男性活動体・複数1格形（☆）は、基本的には男性単数1格形（＝辞書形）の ý を í に書きかえるだけです。

　　　nový 新しい ⇒ noví　　　mladý 若い ⇒ mladí

ただし辞書形が次のように終わるものは、子音ごと変化します。

辞書形 ⇒ ☆	-ký ⇒ -cí	-hý ⇒ -zí	-chý ⇒ -ší	-rý ⇒ -ří	-ský ⇒ -ští	-cký ⇒ -čtí

　velký 大きい ⇒ velcí　　tichý 静かな ⇒ tiší　　dobrý 良い ⇒ dobří
　český チェコの ⇒ čeští　　německý ドイツの ⇒ němečtí

🔵 形容詞型の名詞がある

　Černý など -ý で終わる男性の名字や、Hájková, Černá など -á で終わる女性の名字、また známý「知人〔男性〕」や známá「知人〔女性〕」などは形容詞の形をした名詞であり、形容詞と同じ変化をします。ですから、たとえば známý の単数2格は známého、známá の単数2格は známé となります。また男性の名前 Jiří や mluvčí「広報担当者〔男・女〕」のように -í で終わるものもあり、これらは〈-í 型〉の変化をします。

ほかに dovolená「休暇」囡 や vstupné「入場料」囲 もこの〈形容詞型の名詞〉にあたり、それぞれの性にしたがって形容詞と同様の変化をします。ですから、単数2格はそれぞれ dovolené, vstupného となります。

1 次の形容詞を適切な格の形〔複数〕に変化させ、文の意味を言いましょう。

1 český チェコの： Líbí se mi .... filmy.
2 japonský 日本の： Co si myslíte o .... autech?
3 černý 黒い： Dám .... kočkám čerstvou vodu. ◦ čerstvý 新鮮な
4 nový 新しい： Tohle je katalog .... počítačů. ◦ katalog カタログ
5 kvalitní 質が高い： Japonská auta jsou ....

2 次のチェコ語の意味を考えてみましょう。

1 Noví učitelé jsou moc sympatičtí. ◦ sympatický (-ti- は [-ty-] と発音) 感じのよい
2 Jsme moc unavení. ◦ unavený 疲れた
3 Ta žena s dlouhými vlasy je moje matka. ◦ dlouhý 長い ◦ vlas, -u（一本の）髪
4 Znáš paní Černou?
5 Ta mluvčí nebyla sympatická.

3 次の日本語をチェコ語に訳してみましょう。

1 彼女たちは疲れている。

2 これは日本人の学生たちのリストです。 ◦ seznam リスト ◦ student 学生

3 あなたがたは日本の映画はお好きですか？

4 チェルニー氏 (pan Černý) をご存知ですか？

5 私は知人たちにおみやげを買っているところです。
◦ známý 知人 ◦ suvenýr おみやげ

第42課 ここには一人しかいない

❶ Tady je jen jeden člověk. 　　　ここには一人しかいない。
❷ Na stole jsou dvě nové knihy. 　机の上に２冊の新しい本がある。
❸ Tam je pět japonských studentů. そこに５人の日本人学生がいる。

jen 副 ただ…だけ　člověk 人間　kniha 本　student 学生

この課ではチェコ語での個数の表しかたについて学びます。

🛟 「一（の）」は jeden, jedna, jedno で、単数１格に付く

　チェコ語では、元の形（単数１格形）を含め、その名詞が単数としての格変化をしていれば、それだけで既にそのものが「一つ」であることが判ります。たとえば英語の a のような冠詞が付くわけではないのです。しかし「一つ」であることを特に強調したい場合は、その名詞の（形容詞がある場合は形容詞の）前に「一（の）」を表す jeden, jedna, jedno を付けます。これは ten, ta, to（第５課）と同じ要領で、jeden は男性名詞に、jedna は女性名詞に、jedno は中性名詞の単数１格に付きます。

🛟 「二」「三」「四」には複数１格をつなげる

　「二（の）」には dva と dvě の形があり、dva は男性名詞に付く場合、dvě は女性名詞と中性名詞に付く場合に用います。「三（の）」は tři,「四（の）」は čtyři で、これらにはつづく名詞の性は関係ありません。
　dva / dvě, tři, čtyři につづく名詞は複数１格形になり、形容詞がある場合は形容詞も複数１格形になります。また対応する動詞は三人称複数「それら」「彼ら」の活用になります。過去形の ℓ 分詞も「複数扱い」となり、その名詞の性（男性名詞の場合は活動体か否か）に応じて -li, -ly, -la の語尾を使い分けます（→第35課）。

🛟 「五」以上には複数２格をつなげる

　〈五以上〉の場合、その名詞や形容詞は複数２格形になります。
　例）pět českých studentů　５人のチェコ人学生

　対応する動詞は三人称単数「それ」として活用し、過去形での ℓ 分詞は、名

詞の性に関わらず常に単数中性形（-lo）になります。

Tam bylo pět japonských studentů.　そこには5人の日本人学生がいた。

このほかの個数を表す語については106ページを参照してください。

1 例にならって、次の語を指定された数にし、文の意味を言いましょう。

例）Japonec 日本人〔男〕：2人：
　　　Tady pracujou dva Japonci.　ここでは2人の日本人が働いています。

1　Čech チェコ人〔男〕：3人：　　Tady jsou ＿＿＿＿＿＿＿＿＿＿＿＿＿．
2　auto 車：4台：　　　　　　　　Na náměstí jsou ＿＿＿＿＿＿＿＿＿＿．
3　počítač コンピューター：5台：　V knihovně je ＿＿＿＿＿＿＿＿＿＿＿．
4　kniha 本：2冊：　　　　　　　Na stole byly ＿＿＿＿＿＿＿＿＿＿＿．
5　černá kočka 黒猫：5匹：　　　Tady je ＿＿＿＿＿＿＿＿＿＿＿＿＿．

2 次のチェコ語の意味を考えてみましょう。

1　V kavárně sedí tři japončtí studenti.　◦ sedět 座っている
2　Tam bylo deset černých aut.　◦ deset ＋（の）
3　Tady pracuje jedna Japonka.
4　Na náměstí jsou čtyři kavárny.

3 次の日本語をチェコ語に訳してみましょう。

1　あそこに2匹の黒猫がいます。

2　ここには3台のパソコンがあります。

3　ここでは10人の日本人が働いています。

4　机の上には6冊の本がありました。　◦ šest 六（の）　◦ 過去形です。

数の表現

ここで、チェコ語の「数」を一通り見てみましょう。「〜個（の）」を表す〈個数詞〉と、「〜番目の」を表す〈順序数詞〉を下にまとめています。

	〜個（の）	〜番目の		〜個（の）	〜番目の
1	jeden〔男〕 jedna〔女〕 jedno〔中〕	první	21	dvacet jedna jednadvacet	dvacátý první jednadvacátý
2	dva〔男〕 dvě〔女/中〕	druhý	22	dvacet dva dvaadvacet	dvacátý druhý dvaadvacátý
3	tři	třetí	30	třicet	třicátý
4	čtyři	čtvrtý	40	čtyřicet	čtyřicátý
5	pět	pátý	50	padesát	padesátý
6	šest	šestý	60	šedesát	šedesátý
7	sedm	sedmý	70	sedmdesát	sedmdesátý
8	osm	osmý	80	osmdesát	osmdesátý
9	devět	devátý	90	devadesát	devadesátý
10	deset	desátý	100	sto	stý
11	jedenáct	jedenáctý	200	dvě stě	dvoustý
12	dvanáct	dvanáctý	300	tři sta	třístý
13	třináct	třináctý	400	čtyři sta	čtyřstý
14	čtrnáct	čtrnáctý	500	pet set	pětistý
15	patnáct	patnáctý	600	šest set	šestistý
16	šestnáct	šestnáctý	1千	tisíc	tisící
17	sedmnáct	sedmnáctý	2千	dva tisíce	dvoutisítí
18	osmnáct	osmnáctý	5千	pět tisíc	pětitisící
19	devatenáct	devatenáctý	1万	deset tisíc	desetitisící
20	dvacet	dvacátý	0	nula	nultý

◇「1」の jeden, jedna, jedno や「2」の dva, dvě の使い分けは第 42 課で学んだ通りです。

◇ 21 以上の数で、一の位が「1」か「2」のときは、名詞の性に関わらず jedna と dva を用います。また jednadvacet, dvaadvacet など、一の位を先行させて a でつな

ぐ形もチェコ語ではよく用いられます。jednadvacet はそのまま［イェドゥナドゥヴァツェト］と発音しますが、それ以外では、dvaadvacet は［ドゥヴァアドゥヴァツェト］、pěta... は［ピエットゥア…］、osma... ［オスムア…］のように a を独立させて発音します。

◇「～番目の」を表す první, druhý, třetí, čtvrtý などは形容詞と同じで、-ý で終われば〈-ý 型〉の変化を、-í で終われば〈-í 型〉の変化をします。

◇「4」の čtyři は非常に発音しにくいため、č の音を š に代えて štyři［シュティジ］のように発音することがあります。čtvrtý「4 番目の」や čtrnáct「14」、čtyřicet「40」なども同様です。

つづいて、個数詞を使った表現を学びましょう。

時刻の表現

hodina は「一時間」という意味の女性名詞で、jedna, dvě などの個数詞とともに用いて「1時」「2時」などの時刻を表します。次のように、「1」「2, 3, 4」「5以上」で、hodina の形と、それに対応する動詞 být の活用形がそれぞれ異なることに注目してください。

   Je jedna hodina. （今）1時です。
   Jsou dvě / tři / čtyři hodiny. 2／3／4時です。
   Je pět / deset / dvanáct hodin. 5／10／12時です。

また **Kolik je hodin?** で「今何時ですか」とたずねる定型表現になります。kolik は「いくつの、何個の」という意味の疑問詞で、「5以上」の数詞と同様、関係する名詞は複数2格形になります。kolik と、それがかかっている hodin（複数2格形）の間に je が割り込んでいる、と考えてください。

年齢の表現

vy の3格 vám か、あるいは ty の3格 ti を用いて、次のように相手の年齢をたずねることができます。

   Kolik je vám let? （あなたは）おいくつですか？
   Kolik je ti let? （君は）いくつなの？

返答には、já の3格 mi を用います。let は省略可能です。

   Je mi osmnáct / třiatřicet (let). 私は18歳／33歳です。

let は、「一年」という意味の男性名詞 rok が複数2格として用いられるときの特別な形です。

第43課 彼らについてどう思う？

❶ Znáš Petra a Janu? Co si o nich myslíš?
　ペトル（Petr）とヤナ（Jana）は知ってる？　彼らについてどう思う？

❷ Vidíte ty budovy? Za nimi je nádraží.
　あれらの建物が見えますか？　あのうしろには駅がありますよ。

budova　建物　　za　〜のうしろに〔7格をとる前置詞〕

🛟 oni や ony の変化形は、普通名詞の複数形の代わりもする

第3課で学んだ通り、1格形の oni と ony は基本的に人間の「彼ら」「彼女たち」を表します。ona は中性名詞（miminko「赤ちゃん」など）の複数形の代わりをします。

これら人称代名詞の変化形（＝1格以外の形）では、人のみならず普通名詞の複数形の代わりをすることもできます。また、強調するときは〈単独〉のときと同じ形を使います。

	単独	前置詞の後
1	oni / ony / ona	−
2	jich	nich
3	jim	nim
4	je	ně
6	−	nich
7	jimi	nimi

→ on, ona, ono の変化表は第34課

🛟 ten も複数形としての格変化をする

「あの・その」を表す ten が名詞の複数形に付くときの形は以下の通りです。

◇ 複数1格形：ti は男性活動体名詞の複数1格に付くときの形で、ty は男性不活動体名詞または女性名詞の複数1格に付くときの形です。また ta は中性名詞の複数1格に付くときの形です。

　　ti muži　　その男性たち
　　ty hrady　　それらの城
　　ty ženy　　その女性たち
　　ta města　　それらの都市

◇ 複数4格形：ty は男性名詞（活動体・不活動体いずれも）や女性名詞の複数4格に付くときの形です。また ta は中性名詞の複数4格に付くときの形です。

複1	ti〔男活〕 ty〔男不活 / 女〕 ta〔中〕
複2	těch
複3	těm
複4	ty〔男活・不活 / 女〕 ta〔中〕
複5	＝1
複6	těch
複7	těmi

→ ten の単数の変化表は第33課

◇「この」を表す -hle や -to はこれらのうしろに付け、tihle, tyhle, těchhle, těmhle; tito, tyto, těchto, těmto などのようになります。

1 次の空欄に適切な語を書き入れ、文の意味を言いましょう。

1　Tam sedí Eva a Tereza. Vidíš …………… ?
2　Tam jsou Akina a Kenta. Líbí se …………… Praha?
3　Znáš Terezu a Hanu? Půjdu s …………… do nového obchodu.
4　Kentovi se líbí české filmy. Často o …………… mluví.

2 日本語訳に合わせ、次の空欄に適切な ten の変化形を書き入れましょう。

1　…………… kluci jsou moc sympatičtí.　あの男の子たちはとても感じがいいね。
　　　　　　　　　　　　　　　　○ kluk 男の子　○ sympatický 感じがいい
2　Já se …………… klukům líbím?　私はあの男の子たちの気に入ってるのかしら？
3　Už jsi přečetla …………… knihy?　もうあれらの本を読んじゃったの？
4　Co si myslíš o …………… knihách?　あれらの本についてどう思う？

3 次のチェコ語の意味を考えてみましょう。

1　Tyhle knihy se mi moc líbí.
2　Víte něco o těch japonských studentech?
3　Pracuju s těmi Japonci.
4　Kde sis koupila ty šaty? V nich vypadáš skvěle.
　　　　　　　　○ šaty 男 ドレス〔複数名詞〕→第38課
　　　　　○ vypadat ～のように見える　○ skvěle 副 素晴らしく

4 次の日本語をチェコ語に訳してみましょう。

1　あれらの車が見えますか？

2　これらの CD は君のお気に入りなのかい？　○ cédéčko CD

3　あのチェコ人たちと一緒に働いてらっしゃるんですか？　○ Čech チェコ人

第44課 もしお金があったら車を買うのになあ

❶ Kdybych měl peníze, koupil bych si auto.　僕にお金があれば車を買うのにな。
❷ Já bych to nedělal.　僕だったらそんなことはしないのになあ。

měl〔mít「持っている」の ℓ 分詞〕　peníze お金

🛟 kdyby と by で「もし…なら、～だろうに」を表す

事実とは反することを仮定して、その場合の結果について語る形式のことを〈条件法〉と言いますが、このような表現は、ふつう〈仮定部〉と〈結果部〉から成り立ちます。まず仮定部について、動詞 být を例に見てみましょう。

仮定部「もし…なら」：主語に応じた kdyby の形 + ℓ 分詞	
kdybych byl/-la	**kdybychom**※ byli/-ly
kdybys byl/-la	**kdybyste** byl/-la/-li/-ly
kdyby byl/-la/-lo	**kdyby** byli/-ly (/-la)

上のような仮定部で表される非現実の想定について、「（もしそうだったなら）こうするだろうな」という仮の結果を語るのが結果部です。今度は動詞 dělat を例に見てみましょう。

結果部「～だろうに」：主語に応じた by の形 + ℓ 分詞	
dělal/-la **bych**	dělali/-ly **bychom**※
dělal/-la **bys**	dělal/-la/-li/-ly **byste**
dělal/-la/-lo **by**	dělali/-ly (/-la) **by**

たとえば❶では、今現在の事実とは反すること、つまり「お金がある」ことを仮定して、「もしそうだったら車を買うのに」という仮の結果について語っているわけです。またこの文の主語は「僕」ですから、já が主語のときの形である kdybych や bych が用いられ、かつ ℓ 分詞は měl や koupil といった男性単数用の形になっているのです。

◇ kdybychom※, bychom※ という形は非常に改まった場面でしか用いられません。日常会話においては kdybysme, bysme という形が一般的です。
◇ ty が主語で同じ文中に se, si がある場合、次のような縮約形が使われます。
　　× učil **bys** se 　⇒ ○ učil **by ses**　　× koupil **bys** si 　⇒ ○ koupil **by sis**
　　× kdybys se 　⇒ ○ kdyby ses　　× kdybys si 　⇒ ○ kdyby sis
◇ by は必ず〈2番目〉に置かれます。❶のようにコンマ（,）で文がつながっ

ている場合は、コンマの直後の語（koupil）を〈1番目〉とし、by はこのうしろにつづくことになります。また同じ文の中に se, si や人称代名詞の変化形がある場合、これらは by の後につづきます。

◇ 仮定部と結果部はどちらが先行しても構いません。❷のように文脈などから仮定条件が明らかな場合は、仮定部が省略されることがあります。

◇ 否定の ne- は ℓ 分詞に付きます。

　　例）kdybych neměl peníze ...　もし僕がお金を持っていなかったら…

1 日本語訳に合わせて、kdyby や by の適切な形を書き入れましょう。kdyby が入る箇所にはあらかじめ k が書いてあります。

1　K _____ měl auto, jel _____ do Německa.
　　僕がもし車を持ってたなら、ドイツへ行くのになあ。　○ Německo ドイツ

2　K _____ měla čas, učila _____ se česky.
　　私にもし時間があったなら、チェコ語を勉強するのにね。

3　Byl _____ rád , k _____ se Věra vrátila.
　　ヴィエラが戻ってきたら僕は嬉しいのになあ。　○ rád 嬉しい（→第29課）

4　Ty _____ nedělal takovou chybu.
　　君だったらそんな間違いをしなかっただろうになあ。

　　　　　　　　　　　　　　　　　　○ takový そのような　○ chyba 間違い

2 次のチェコ語の意味を考えてみましょう。

1　Kdybych byl herec, hrál bych Hamleta.　○ herec, -rce 男優　○ Hamlet ハムレット

2　Co bys dělal, kdybys byl král?　○ král, -e 王様

3　Kdybych měla český slovník, mohla bych číst tenhle článek.　○ článek, -nku 記事

3 次の日本語をチェコ語に訳してみましょう。

1　もし僕がサッカー選手だったら、パヴェル（Pavel）と一緒にプレーするのになあ。　○ fotbalista サッカー選手　○ hrát プレーする

_____

2　もし私に時間があれば、本〔複数〕を読むのになあ。
　　　　　　　　　　　　　　　　　○ 自分の性別に合わせて言いましょう。

_____

第45課 車を買うためにお金が必要なんだ

> ❶ Potřebuju peníze, abych si koupil auto.　車を買うためにお金が必要なんだ。
> ❷ Nemohla byste otevřít okno?　もしよければ窓を開けていただけませんか？

otevřít* 開ける （otevřu, otevřeš...）

🛟 aby で目的や希望などを表す

　aby を使って、目的や希望を表す文をつくることができます。なお aby-chom※は、日常会話では abysme という形を使います。

主語に応じた aby の変化形 + ℓ 分詞	
abych dělal/-la...	**abychom**※ dělali/-ly...
abys dělal/-la...	**abyste** dělal/-la/-li/-ly...
aby dělal/-la/-lo...	**aby** dělali/-ly (/-la)...

　aby は次のような意味を持ちます。

目的・動機　～するために
　　Potřebujete peníze, abyste si koupil dům?　家を買うためにお金が必要なんですか？

希望　～してほしい
　　Chci, aby přišel.　私は彼に来てもらいたい。

勧告　～するように
　　Lékař jí řekl, aby nekouřila.　医師は彼女に、喫煙しないよう言った。

必要　～すべき（třeba は「～が必要だ」という意味の語です）
　　Je třeba, abyste si udělal pauzu.　あなたは休憩をとるべきだ。

🛟 by は婉曲や否定も表す

　仮定の by についてはすでに学びましたが、次のような働きもあります。

語調を和らげる by

　by を使うことで「もしできたら」「事情が許せば」というニュアンスが加わり、婉曲な表現になります。たとえば Chtěl bych... とすれば「できれば…したいのですが」というニュアンスになり、Chci「…したい」と言うよりも相手の都合を配慮している感じが出ます。同様に、Mohl byste...?「できれば…していただけますか」も Můžete...?（→第19課）より丁寧な表現になります。

否定・無を表す by

話し手が「事実ではない」、あるいは「そもそも存在しない」と思っていることをあえて口にするとき、by を使うことでその意図を伝えます。

Nemyslím si, že by byl hloupý.　私は彼が馬鹿だとは思わない。　hloupý 馬鹿な

1 日本語訳に合わせて、aby または by の適切な形を書き入れましょう。

1　Koupil jsem si tenhle slovník, ... mohl číst české knihy.
　　チェコ語の本が読めるように、僕はこの辞書を買ったんです。

2　Tomáš chce, ... se Věra vrátila.
　　トマーシュはヴィエラに帰って来てほしいと思っている。

3　Slečno Černá, mohla .... zavřít okno?
　　チェルナーさん、窓を閉めていただけますか？

4　Chtěl .... jít s tebou do kina.
　　僕は君と一緒に映画館へ行きたいんだけどなあ。

5　Řekli nám, ... přijeli včas.
　　彼らは私たちに、時間通りに来るよう言いました。

　　　　　　　○ přijet*（乗り物で）来る　○ včas 副 時間通りに

2 次のチェコ語の意味を考えてみましょう。aby 以下の主語が誰かに注意しましょう。

1　Je třeba, abyste nám řekli pravdu.

2　Chtěla bych, abys mi vrátil tu knihu.　○ vrátit* 返す

3　Jeli jsme do Brna, abychom viděli mezinárodní veletrh.

　　　　　　　○ mezinárodní 国際的な　○ veletrh 見本市

3 次の日本語をチェコ語に訳してみましょう。

1　私は天文時計を見るために、旧市街広場へ行きました。

　　　　　○ orloj 男 天文時計　○ Staroměstské náměstí 旧市街広場
　　　　　○ 自分の性別で言いましょう。

2　ヴィエラ！　僕に真実を言ってほしいんだ。

第46課 それは偶然に違いない

❶ Každý může udělat chybu. 　　誰しも間違いを犯しうる。
❷ To musí být náhoda. 　　それは偶然に違いない。

každý 誰でも、あらゆる人　chyba 間違い　náhoda 偶然

　動詞の原形とともに現れ、特定の意味合い（可能性、必要性など）を伝える動詞のことを〈話法の助動詞〉と言います。ここでまとめて見てみましょう。

moct〔可能性〕（→第19課）
「（状況的に）～できる」のほかに、「～はありうる」「～かもしれない」といった意味にもなります。否定では「～できない」や「～はありえない」のような意味になります。

　　To může být moje chyba.　それは私のミスかもしれない。
　　To nemůže být pravda.　それが真実であるはずはない。

chtít〔願望〕「～したい」／否定は「～したくない」（→第19課）

smět〔許可・承認〕「～してよい」／否定は「～してはならない」
　　Smím tady kouřit?　ここでタバコを吸ってもよろしいですか？
　　　　　　　　　　※ Můžu tady kouřit? よりもかしこまったニュアンスになります。
　　Nesmíte tady kouřit.　ここではタバコを吸ってはいけません。

muset〔必要性・必然性〕「～する必要がある」「～に違いない」／
　否定は「～する必要はない」「～とは限らない」
　　Už musím jít.　もう行かなくちゃ。
　　To musí být moje chyba.　それは私のミスに違いない。
　　Ty nemusíš přijít.　君は来る必要はないよ。
　　To nemusí být náhoda.　それが偶然であるとは限らないね。

mít〔当然〕「～することが当然である」「（状況的に）～すべきだ」／
　否定は「～することにはなっていない」「～すべきでない」
　　Co mám dělat?　僕は何をすべきなんだろう？
　　V neděli nemáš pracovat.　日曜には働くものではない。

1 日本語訳に合わせて、次の空欄を埋めましょう。否定形の場合もありますので注意しましょう。

1　To .... být pravda.　それは本当のことかもしれないね。
2　Ty .... jíst zeleninu.　野菜を食べなきゃだめだよ。
3　................................ pít pivo?　君たちはビール飲みたい？
4　................................ jí říct pravdu?　僕は彼女に本当のことを言うべきなのか？
5　................................ parkovat na náměstí?　（私たちは）広場に駐車してもいいんですか？

○ parkovat 駐車する

2 次のチェコ語の意味を考えてみましょう。

1　Ten film se ti musí líbit.
2　Jakub nemusel přijít, ale přišel.
3　Petr neměl přijít, ale přišel.
4　Nesmíte pít alkohol, když řídíte auto.

○ alkohol, -u アルコール、酒　○ když ... …のときに　○ řídit 運転する

3 次の日本語をチェコ語に訳してみましょう。

1　広場に駐車してはいけませんよ。

2　それが偶然であるはずはない。

3　そのマフラーが彼女の気に入るとは限らないよ。　○ šála マフラー

4　テレザ（Tereza）は来ることになっていたのだが、来なかった。

第47課 ルツィエのためにバラを買ったよ

❶ Koupil jsem růži pro Lucii.
　ルツィエ（Lucie）のためにバラを買ったよ。

❷ Odkud jste? — Já jsem z Českých Budějovic.
　どちらのご出身ですか？—私はチェスケー・ブジェヨヴィツェの出身です。

　　růže　バラ　pro　～のために〔4格をとる前置詞〕　odkud　どこから；どこの出身で
　　z　～の中から；～の出身で〔2格をとる前置詞〕　České Budějovice〔地名〕

🛟 -e / -ě で終わる女性名詞がある

元の形が e か ě で終わる名詞は、男性・女性・中性のいずれの可能性もあります。
一般的に -ice, -ile, -íle, -ie, -yně で終わる語は女性名詞（つまりこの růže 型）になります。しかしこれら以外については、元の形を見ただけではどの性の名詞かを判断することはできません。ですから、ひとつずつ覚えていく必要があります。

	単数	複数
1	růže バラ	růže
2	růže	růží / ulic
3	růži	růžím
4	růži	růže
5	růže!	= 複1
6	růži	růžích
7	růží	růžemi

◇ -ice や -yně で終わる語は、複数2格でそれぞれ -ic, -yň という形になります。

◇ růže 型の変化をする複数名詞には brýle「メガネ」や dveře「ドア」などがあります。また Pardubice や České Budějovice などのように -ice で終わるチェコの地名は原則として růže 型の複数名詞であり、たとえば České Budějovice の2格は Českých Budějovic となります。つまり形容詞の部分も複数2格形になるということですね。

動物のオス・メスはどう表す？

これまで、猫は kočka（女性名詞）、犬は pes（男性名詞）という語を使ってきました。これらは基本的に、総称としての（性別の特定されない）「猫」や「犬」を表しますが、「メス猫」や「オス犬」を表すこともあります。これに対して、特に「オス猫」と言いたい場合には kocour、また「メス犬」と言いたい場合には fenka または fena という語を使います。

1 次の語を指定された格に変化させ、文の意味を言いましょう。

1. učebnice 教科書： Koupil jsem si .... češtiny. 〔単4格〕
2. práce 仕事： Hledám .... 〔単4格〕
3. snídaně 朝食： Co si dáš k .... ? 〔単3格〕
4. Lucie： Pracuju s .... už dlouho. 〔単7格〕 ○ dlouho 副 長く
5. Pardubice〔地名〕： Pavel je z .... 〔複2格〕

2 次のチェコ語の意味を考えてみましょう。

1. Mirek pracuje v japonské restauraci. ○ restaurace レストラン
2. Marie žije v Českých Budějovicích.
3. Nechci nosit brýle. ○ nosit 身につける
4. Máme doma kocoura. Jmenuje se Macek.
5. Čím jezdíš do práce?
   ○ čím（交通手段をたずねて）どうやって ○ jezdit（乗り物で）通う

3 次の日本語をチェコ語に訳してみましょう。

1. ルツィエは病院で働いています。 ○ nemocnice 病院（v+6格をとる）

2. （私たちは）夕飯に何を食べる？ ○ večeře 夕食

3. （私たちは）和食レストランへ行こうか？

4. 私はパルドゥビツェ（Pardubice）に住んでいます。

5. ドアを閉めていいですか？ ○ dveře ドア ○ zavřít* 閉める

6. 彼らは家でメスの犬を飼っています。フィアルカ（Fialka）といいます。

第48課 オフィスへは市電で行くの？

❶ Jedeš do kanceláře tramvají?　オフィスへは市電で行くの？
❷ Měl jsem velkou radost.　僕はとても嬉しかったよ（大きな喜びを持った）。

kancelář, -e 囡 事務所、オフィス　tramvaj, -e 囡 市電　velký 大きい　radost, -i 囡 喜び

🛟 子音で終わる女性名詞もある

軟子音（č, ď, ň, ř, š, ť, ž, c, j）あるいは l, s, z で終わる名詞は、男性名詞でなければ女性名詞であり、以下の píseň 型か kost 型の変化になります。

	単数	複数
1	píseň 歌	písně
2	písně	písní
3	písni	písním
4	píseň	písně
5	písni!	= 複1
6	písni	písních
7	písní	písněmi

	単数	複数
1	kost 骨	kosti
2	kosti	kostí
3	kosti	kostem
4	kost	kosti
5	kosti!	= 複1
6	kosti	kostech
7	kostí	kostmi

◇ 軟子音以外で終わる語でも、krev「血」、mrkev「ニンジン」、církev「教会」など -ev で終わるものは píseň 型の女性名詞になります。これらは格語尾が付くと e が消え、たとえば krev の単数2格形は krve となります。

◇ radost「喜び」や bolest「痛み」など -ost や -st で終わる語は、たいていの場合 kost 型の女性名詞になります。ただし most「橋」や růst「成長」など hrad 型の男性名詞も一部あるので注意しましょう。

◇ 単数2格や複数3・6・7格では píseň 型と kost 型の境界があいまいになり、複合的な変化になる語が非常に多いのが現実です。たとえば noc「夜」は単数2格では noci となり一応は kost 型ですが、複数3格は nocím、複数6格 nocích、複数7格 nocemi となり、píseň 型の変化になります。このような揺れは語によってさまざまですので、必要に応じて辞書などで確認しましょう。

◇ 表記上、-ď, -ť, -ň で終わる píseň 型の語では、単数2格や複数1・4・7格の語尾で ě を書きますが、これ以外の語では e を書きます。

1 次の語を指定された格に変化させ、文の意味を言いましょう。

併記された単数2格の語尾が -e / -ě なら píseň 型、-i なら kost 型であると考えてください。

1 píseň, -sně 歌： Znáš tuhle českou ....？〔単4格〕
2 postel, -e ベッド： Kočky spí v ....．〔単6格〕
3 církev, -kve 教会： Jak často chodíte do ....？〔単2格〕
　　　　　　　　　　　　　　　　　　　　　○ jak často どのくらいの頻度で
4 pomoc, -i 助け： Potřebuješ ....？〔単4格〕
5 nemoc, -i 病気： Jakub je v nemocnici kvůli ....．〔単3格〕
　　　　　　　　○ nemocnice 女 病院　○ kvůli 〜が原因・理由で〔3格をとる前置詞〕
6 bolest, -i 痛み： Pavel nepřišel kvůli .... hlavy.〔単3格〕○ hlava 頭

2 次のチェコ語の意味を考えてみましょう。

1 Víte něco o téhle české písni?
2 Čím jezdíš do práce? Metrem nebo tramvají?
3 Hledáte práci v kanceláři?
4 Nemáš lék na bolest hlavy?
　　　　　　　○ lék 薬　○ na+4格は「〜用の、〜のための」という意味にもなります。

3 次の日本語をチェコ語に訳してみましょう。

1 昨日私たちは教会にいました。

2 ホンザ (Honza) は旅行代理店に勤めてます。　○ cestovní kancelář 旅行代理店

3 彼の奥さんは何の病気なんですか？　○ menželka 妻
　　　　　　　　　　　　　　○ jaká nemoc「どのような病気」と動詞 mít を使って

第49課 私は大きな犬が怖い

ここで2格（生格）の使いかたについてまとめておきましょう。

2格と結びつく動詞がある

2格の語は、「〜の」と訳してみれば意味が理解できることがほとんどです。ところが次のような動詞は2格の語と結びつくことがあらかじめ決まっており、この場合は2格でも「〜の」の意味はありません。

bát se［2格］=［〜を］怖がる（活用は bojím se, bojíš se...→第32課）
　　Bojím se velkých psů.　私は大きな犬が怖い。
ptát se / zeptat se*［人2格］(na＋4格) =［人に］（〜について）たずねる
　　Zeptáme se Věry na plán.　ヴィエラに予定について聞いてみよう。
zbavit se*［2格］=［〜を］自分の身から取り除く、払拭する
　　Nemůžu se zbavit rýmy.　鼻づまりが治らない。　　rýma 鼻づまり

2格をとる主な前置詞

z / ze＋2　〜の中から　　　　　do＋2　　〜の中へ
od＋2　　〜から　　　　　　　u＋2　　 〜のもとに、付近に
bez＋2　 〜なしで　　　　　　 podle＋2　〜にしたがって、〜によれば
vedle＋2　〜の隣に、〜と並んで　během＋2　〜の間に〔時間〕

2格を使って「たくさんの〜」「少しの〜」を表す

「たくさんの○○」と言うには、「たくさん」を表す mnoho や hodně のうしろに、〈数えられる名詞〉なら複数2格形を、〈数えられない名詞〉なら単数2格形をつなげます。「少し」を表す málo についても同様です。

　例）mnoho studentů　たくさんの学生　　hodně štěstí　たくさんの幸福
　　　málo vody　少しの水

なおこれらが主語のとき、対応する動詞は三人称単数の活用になり、過去形の ℓ 分詞は単数中性形（-lo）になります。

「自分自身」「お互い」の2格形は sebe

2格をとる前置詞のうしろに「自分自身」という語がつづく場合は sebe という形になります。たとえば Máte u sebe pas? は「パスポートを身につけて持っていますか」という意味です。また sebe は「お互い」を表すこともあり、たとえば Oni sedí vedle sebe で「彼らは隣り合って座っている」といった意味になります。

1 次の語を2格形にして空欄を埋め、文の意味を言いましょう。

1. černé kočky 黒猫たち： Bojíš se ....?
2. ten prodavač あの店員： Zeptám se ...., kde je cukr.
3. kocovina 二日酔い： Chci se zbavit ....
4. Česká republika チェコ共和国： Jsem z ....
5. ty 君： Jsem do .... zamilovaná.
   - zamilovaný（do＋2格）（〜に）恋している
6. maminka お母さん： To je dárek od ....
7. my 私たち： U .... není hokej tak populární.
   - tak それほど ○ populární 人気のある
   - u nás で「私たちの国では」という意味になります。
8. cukr 砂糖： Nepiju kávu bez ....
9. Petr： Podle .... je to opravdový podpis Karla Gotta.
   - opravdový 本物の ○ podpis, -u 男 サイン、署名
10. ona 彼女： Tam je Eva. Vedle .... sedí pan Novotný.
11. snídaně 女 朝食： Tatínek si čte noviny během ....

2 次のチェコ語の意味を考えてみましょう。

1. Na staroměstském náměstí bylo mnoho turistů. ○ staroměstský 旧市街の
2. U vás je baseball populární? ○ baseball, -u 男 野球（[bejzbol] と発音）
3. Bydlíme vedle sebe.

3 次の日本語をチェコ語に訳してみましょう。

1. 私は日本出身です。 ○ z＋2格を使って

2. 君は何が怖いの？ ○ co「何」の変化形と bát se を使って

第50課 私の犬がいなくなった

ここで3格（与格）の使いかたについてまとめておきましょう。

3格が「〜の」を表すことがある

　3格の語は、「〜に」や「〜にとって」と訳してみれば意味が理解できることがほとんどです。ただし、3格でも日本語としては「〜の」と訳すのが自然な場合があります。たとえば「私の犬がいなくなった」と言う場合を考えてみましょう。動詞 ztratit se* で「いなくなる」の意味になりますが、これに já（私）の3格形である mi を使って、Ztratil se mi pes のように言うのがチェコ語では普通です。「私にとって」という意味がこの根底にあり、たとえば můj「私の」を用いた Ztratil se můj pes よりもずっとチェコ語的な表現になります。

3格と結びつく動詞

　第14課で挙げた動詞のほかに、次のような動詞が3格と結びつきます。
　pomoct* – pomáhat ［3格］ ＝ ［〜を］助ける、手伝う
　　Pomáháš doma mamince?　家でお母さんの手伝いはするの？
　rozumět ［3格］ ＝ ［〜が］理解できる、［人の言うことが］解る
　　Já mu nerozumím.　私には彼の言うことが理解できない。
　věřit – uvěřit* ［3格］ ＝ ［〜を］信じる
　　Věřím Janě.　私はヤナを信じている。

3格をとる主な前置詞

　k / ke ＋ 3　　［人・もの］の方へ（向かって）；［何らかの機会］にあたって
　proti ＋ 3　　［人・もの］の向かい側に；［人］に反対して
　kvůli ＋ 3　　〜が原因・理由で
　díky ＋ 3　　〜のおかげで

si － sobě で「自分自身に」「お互いに」

　第10課で学んだように、si は「自分自身に」という意味の語です。たとえば koupit*「買う」のような動詞に si を加えることで、「自分のために、自分用に買う」といった意味になります。この場合、si がないと少し不自然です。また si にはもう一つ、「お互いに、相互に」という意味があり、たとえば Pomáháme si という文は「お互いに助け合おう」といった意味になります。
　sobě は強調する際や、前置詞の後に付くときに用いる形です。たとえば věřit sobě で「自分自身を信じる」や「お互いに信じあう」、また proti sobě で

「向かい合って」や「お互いに反対しあって」といった意味になります。

1 次の語を3格形にして空欄を埋め、文の意味を言いましょう。

1 Eva :   Ztratil se .... pes.
2 my 私たち :   Dědeček .... umřel.   ○ umřel は umřít*「死ぬ」の ℓ 分詞
3 já 私 :   Můžeš .... pomoct?
4 černý humor ブラックユーモア : Nerozumím ....
5 ty 君 :   Já .... nevěřím.
6 oběd, -a 昼食 : Co si dáme k ....?
7 pan Novák :   Já jsem proti ....
8 špatné počasí 悪い天気 : Kvůli .... museli zůstat doma.
   ○ muset (→第46課)   ○ zůstat* 居残る (zůstanu, zůstaneš...)
9 tahle učebnice この教科書 : Díky .... jsem udělal zkoušku.
   ○ zkouška は「試験」、udělat* zkoušku で「試験に受かる」の意味になります。

2 次のチェコ語の意味を考えてみましょう。

1 Musíme si pomáhat.
2 Už si tykají.   ○ tykat ty で呼ぶ (→ p.55)

3 次の日本語をチェコ語に訳してみましょう。

1 彼のスーツケースがなくなった。   ○ kufr スーツケース

2 ペトルはよくお母さんの手伝いをする。   ○ často 副 よく、頻繁に

3 彼らはまだ vy で呼びあっている。   ○ ještě 副 まだ   ○ vykat vy で呼ぶ (→ p.55)

第51課 私たちは知り合いです

　4格（対格）は「～を」を表していると考えれば、たいていの場合それで意味はとれるものです。ただし次のように特別な4格の使いかたもありますので覚えておきましょう。

時を表す語を4格形にして、「いついつに」を表す

　たとえば každý「毎～」と sobota「土曜日」という語を使って「毎週土曜日に」と言いたい場合は、4格形の každou sobotu とします。1格形の každá sobota ではいけません。同様に、den「日」を使えば každý den「毎日（に）」という表現ができます。この場合は男性名詞なので1格と4格で形に差が出ませんが、実質的には4格であることに注意しましょう。
　また hodina「一時間」の4格形の hodinu で「一時間の間」という意味になりますし、celý「全体の」を使って celý den なら「一日中」の意味になります。

na＋4格を伴う動詞がある

　次のような動詞は、ふつう na＋4格を伴います。
　čekat / počkat* na＋4　　　～のことを待つ
　dívat se / podívat se* na＋4　　～を（意識して）見る

4格をとる主な前置詞

　pro＋4　〔人〕のために〔利益〕；～のために〔理由・目的〕；～にとって〔対象〕
　na＋4　　～へ〔場所〕；～のために、～用に〔目的・用途〕
　za＋4　　～の代わりに；〔ある期間が〕経ってから、～後に

jít o＋4格で「～が話題の焦点になっている」

　jít「行く」の活用形 jde に o＋4格を組み合わせると、「（今）○○〔4格〕が話題の焦点になっている」という意味になります。とても日本語に訳しにくい表現ですが、たとえば O co jde? という文（この co は co「何」の4格）は、文脈次第で「何について話してるの？」「何が起こってるの？」「何が要点なの？」などさまざまな意味になります。なお過去形では jít は šlo（単数中性形）になります。

se－sebe で「自分自身を」「お互いを」

　se には「自分自身を」という意味のほかに「お互いを」という意味もあり、

たとえば Známe se という文は「私たちは（お互いに）知り合いです」という意味になります。

　sebe は前置詞の後ろや、強調に用いる形です。たとえば dívat se na sebe は、文脈によって「（鏡などで）自分自身を見る」または「お互いに見合う」といった意味を持ちます。

1 次の語を4格形にして空欄を埋め、文の意味も言いましょう。

1　každý týden　毎週：　　　　　　　　　　　　　chodím do kurzu češtiny.
　　　　　　　　　　　　　　　　　　　　　○ kurz, -u 男 コース、講座

2　celá noc, -i　夜全体：　　　　　　　　　　　　jsem četl knihu.

3　kdo　誰：　　　　　Na　　　　　　　čekáš?

4　televize　テレビ：　Ráda se dívám na　　　　　　　．

5　sestry　妹たち：　Mám dárky pro　　　　　　　．

6　spaní　寝ること、睡眠：Beru léky na　　　　　　．　○ brát 取る (beru, bereš...)

7　hodina　1時間：　Za　　　　　　zase přijdu.　○ zase 副 また、再び

8　lidský život　人命：　Jde o　　　　　　　　！

2 次のチェコ語の意味を考えてみましょう。

1　Lucie se podívala na sebe do zrcadla.　○ zrcadlo 鏡

2　Petr a Jana se mají rádi.

3　Pokud jde o Karla, má docela hezkou partnerku.　○ docela 副 かなり
　　○ pokud は「〜の限りは」という意味の語で、pokud jde o＋4格で「〜に関する限り」という定型表現になります。

3 次の日本語をチェコ語に訳してみましょう。

1　私の夫はサッカーの試合を見ている。
　　　　　　　○ manžel, -a 夫　○ fotbalový サッカーの　○ zápas, -u 試合

2　昨日僕は君のことを一時間待ってたよ。

第52課 来週おじを訪ねてブルノへ行きます

6格をとる前置詞

6格（前置格）をとる前置詞として、これまでに o「～について」、v / ve「～の中に」、na「～に」を学びましたが、次の前置詞も覚えましょう。

po + 6 　　～の後に〔時間〕；～じゅうを〔空間〕
při + 6 　　～の際に〔時間〕；～の付近に〔空間〕

「自分自身」「お互い」の6格形は sobě

sobě が「自分自身」「お互い」の6格形にあたり、たとえば mluvit o sobě で「自分自身について話す」あるいは「お互いについて話す」といった意味になります。

また7格（造格）の主な用法は第18課で見た通りですが、次のような使いかたもあります。

「AはBである」のBを7格にすることがある

たとえば「ペトルはチェコ語の先生です」と言うとき、Petr je učitel češtiny のように učitel はそのままの形（= 1 格形）で文をつくるのが通例ですが、これを7格形にして Petr je učitelem češtiny のように言うことがあります。どちらも基本的な意味に違いはありませんが、7格形を使った方がBの部分がより際立ちます。

また動詞 stát se*「～になる」(stanu se, staneš se...) を使って「AはBになる」と言う場合は、Bにあたる語は必ず7格形になります。

例) Staneš se učitelem češtiny? 　君はチェコ語の先生になるのかい？

7格をとる主な前置詞

s / se + 7 　　～とともに
před + 7 　　～の前に・で〔空間・時間〕
za + 7 　　～のうしろに・で〔空間〕；〔人を〕訪ねて
nad + 7 　　～の上に・で
pod + 7 　　～の下に・で
mezi + 7 　　～の間に・で (mezi A a B で「AとBの間に」の意味)

※ před, za, nad, pod, mezi が《いる場所》を表すときは上のように7格と結びつきますが、《向かう場所》を表す際は4格をとります。

例) být před kinem　映画館の前にいる　　jít před kino　映画館の前へ行く

「自分自身」「お互い」の７格形は sebou

sebou が「自分自身」「お互い」の７格形になります。単独で用いるときも前置詞の後に用いるときも共通の形です。

1 次の語を６格形にして空欄を埋め、文の意味を言いましょう。

1　práce 女 仕事：　　　　Půjdeme po .... na večeři?
2　jídlo 食事、食べ物：　 Honzo, nesmíš psát esemesku při ....
　　　　　　　　　　　　　○ smět（→第46課）　○ esemeska SMSメール（携帯メール）

2 次の語を７格形にして空欄を埋め、文の意味を言いましょう。

1　příčina 原因：　　　　　Myslím si, že to je .... problému.
　　　　　　　　　　　　　　　　　　　　　　　　　　　　　　　　　○ problém 問題
2　český prezident チェコ大統領：Chci se stát ....
3　kamarádi 友人たち：　　Včera jsem se setkal s ....
4　hodina 一時間：　　　　Asi před .... jsem ho viděla v knihovně.
　　　　　　　　　　　　　　　　　　　　　　　　　　　　　　　　　○ asi およそ
5　dědeček おじいちゃん：Dnes večer půjdu za ....
　　　　　　　　　　　　　○ dnes 副 今日(に)　○ večer 副 晩(に)
6　my 私たち：　　　　　　Mezi .... není žádný problém.
　　　　　　　　　　　○ žádný は「どんな…も（ない）」、動詞は必ず否定形になります。

3 次のチェコ語の意味を考えてみましょう。

1　Mám před sebou zkoušku z češtiny.　　○ zkouška 試験（z+2格で「～(科目)の試験」）
2　Už máš zkoušky za sebou?

4 次の日本語をチェコ語に訳してみましょう。

1　ミロシュ（Miloš）はチェコの大統領になった。
　　　　　　　　　　　　　　　　　　　○ stát se* ～になる（ℓ分詞は stal se）

2　来週おじを訪ねてブルノへ行きます。　○ strýc おじ　○ příští týden 来週

第53課 僕はプラハに暮らす姉に手紙を書いている

❶ Píšu dopis sestře, která žije v Praze.
　僕はプラハに暮らす姉に手紙を書いている。

❷ Mluvíme o knize, kterou jsi mi dal.
　私たちは、君が私にくれた本について話している。

❸ Kniha, o které mluvili, je velmi zajímavá.
　彼らが話していた本はとても興味深い。

dopis, -u 男 手紙　　zajímavý 興味深い、面白い

který で「…するところの（人・もの）」を表す

「どの、どちらの」という意味の疑問詞 který については第29課で学びましたが、この který は「…するところの（人・もの）」を表す〈関係代名詞〉としても機能します。たとえば(1) Píšu dopis sestře「僕は姉に手紙を書いている」と(2) sestra žije v Praze「（その）姉はプラハに暮らしている」という二つの文を合体させて、「僕はプラハに暮らす姉に手紙を書いている」と言いたいときには、関係代名詞 který の出番です。つまり❶の例文のようになりますね。

ここで焦点となっている「姉」（(1) sestře / (2) sestra）は女性名詞の単数形で、(2)の文においては1格です。これを který の女性・単数1格形である která に置き換えた上で、(1)の文の sestře に直接つなげた、というしくみです。ちなみに(1)の sestře は3格ですが、関係代名詞はこれとは関係なく、あくまでも(2)における sestra の格（すなわち1格）に一致させます。

今度は❷の例文について考えてみましょう。これを分解すると、(a) Mluvíme o knize「私たちは本について話している」と(b) knihu jsi mi dal「（その）本を君は私にくれた」となります。つまり(b)の knihu を kterou（女性・単数4格形）に置き換えたわけです。またここで注意すべきは、関係代名詞 který が〈1番目〉とみなされることです。být の活用形（jsi）や人称代名詞の変化形（mi）など〈2番目〉の要素は、このうしろにつづくことになります。

また❸の例文のように、前置詞がある場合はその前置詞に který の変化形をつなげます。(i) Kniha je velmi zajímavá と (ii) o knize mluvili という二つの構造が見えてきますね。なお který に導かれる部分（o které mluvili）は、コンマ（,）でくくる決まりになっています。

1 日本語訳に合わせ、関係代名詞 který を適切な形に変化させましょう。

→形容詞の単数の変化表は第27課、複数の変化表は第41課

1　Ten muž, ... stojí před autem, je můj otec.
　　車の前に立っているあの男性は、私の父です。

2　Ta holka, ... nosí brýle, je moje sestra.
　　メガネをかけているあの女の子は私の妹です。

3　Tahle píseň, ... teď Karel zpívá, se jmenuje Trezor.
　　カレルが今歌っているこの歌は〈トレゾル〉というんだ。

○ zpívat 歌う　○ trezor 金庫

4　Už jsem viděl ten film, o .... teď mluvíte.
　　君たちが今（それについて）話している映画、僕はもう見たよ。

5　Ti kluci, ... tam hrajou fotbal, jsou studenti ze Slovenska.
　　あそこでサッカーをしている男の子たちは、スロヴァキアから来た学生たちだ。

2 次のチェコ語の意味を考えてみましょう。

1　Tyhle šaty, které jsi mi včera koupil, se mi vůbec nelíbí.　○ šaty 男 ドレス〔複数名詞〕

2　Neexistuje Čech, který by neznal Karla Gotta.

○ existovat 存在する　○ この by は〈否定・無を表す by〉です。(→45課)

3 次の日本語をチェコ語に訳してみましょう。

1　車のうしろに立っているあの女性は、私の母です。　○ matka 母

2　私たちが今（それについて）話している天文時計を、あなたがたはもうご覧になったんですか？　○ orloj 男 天文時計

第54課 ヤンは自分の車を運転している

❶ Mluvíte o mém příteli? あなたたちは私の彼氏について話しているの？
❷ Mluvíme o tvém psovi. 私たちはあんたの犬について話してるのよ。
❸ Jan řídí svoje auto. ヤンは自分の車を運転している。

přítel, -e 恋人、親友〔男性〕　řídit 運転する

🎯 můj と tvůj は同じように変化する

　můj「私の」は、付く名詞の単数・複数や性と格に応じて下のように変化します。形が二つある場合、カッコ内は文語的な形です。スラッシュ（/）の前後の形はどちらも一般的な形ですが、前の方がやや口語的です。

	男性・活	男性・不活	中性	女性	
単1,5	můj		moje (mé)	moje (má)	1,5
2	mého			mojí / mé	2
3	mému			mojí / mé	3
4	mého	můj	moje (mé)	moji / mou	4
6	mém			mojí / mé	6
7	mým			mojí / mou	7

◇ tvůj「君の」の変化は、頭の m を tv に替えます（tvého, tvému, tvojí ...）。

複1,5	moji (mí)〔男活〕 moje (mé)〔男不活 / 女〕 moje (má)〔中〕
複2	mých
複3	mým
複4	moje (mé)〔男活・不活 / 女〕 moje (má)〔中〕
複6	mých
複7	mými

🎯 svůj は「自分の」を表す

　svůj は můj の頭を sv に替えたように変化し、文の主語とその物の持ち主が一致している場合に用います。たとえば「私は自分の（＝私の）車を運転している」は Řídím svoje auto となります。Řídím moje auto と言うこともありますが、これはとても口語的な表現です。

　ただし三人称（彼・彼女・彼ら）が主語の場合には、口語においても svůj と普通の所有形容詞を厳密に使い分けます。なぜなら、❸のように svůj を使っ

た場合と、Jan řídí jeho auto「ヤンは彼の（＝自分以外の誰かの）車を運転している」では文の意味が変わってしまうからです。

1 次の語を指定された格の形にし、文の意味を言いましょう。

1 můj tatínek： Už jsi to řekl ....？〔単3格〕

2 moje sestra： Proč znáš ....？〔単4格〕

3 můj přítel： Tohle je auto ....〔単2格〕

4 tvoje maminka： Viděla jsem .... na poště.〔単4格〕

5 tvůj bratr： Včera jsem se setkal se ....〔単7格〕

6 tvoje přítelkyně： Kolegyně .... jsou moc pěkné.〔単2格〕
○ přítelkyně 彼女、恋人 ○ kolegyně 同僚〔女性〕

7 moji synové： .... chutná smažený sýr.〔複3格〕
○ smažený 揚げた ○ sýr, -a チーズ

8 tvoje dcery： Eva sedí v kavárně se ....〔複7格〕
○ dcera 娘（[cera] と発音し、最初の d は読みません）

2 次のチェコ語の意味を考えてみましょう。

1 Tomáš mi nechce půjčit svůj slovník.

2 Můžeš mi půjčit svůj slovník?
○ [půjčit*＋人3格＋もの4格] で「人にものを貸す」の意味になります。

3 次の日本語をチェコ語に訳してみましょう。

1 お前の弟は俺の弟とビールを飲みに行ったぞ。 ○ na pivo を使って

....

2 君の友人たちは感じがいいね。 ○ kamarád 友人 ○ sympatický 感じがよい

....

第55課 彼女の友人たちと知り合いになったよ

❶ Pan Novák je ředitel naší školy.
　ノヴァーク氏はうちの学校の校長だ。

❷ Včera jsem se seznámila s jejími kamarády.
　昨日彼女の友人たちと知り合いになったよ。

ředitel, -e 長〔男性〕　škola 学校　seznámit se* 知り合う

🛟 náš と váš は同じように変化する

náš「私たちの」は、付く名詞の単数・複数や性と格に応じて、以下のように変化します。

	男性・活	男性・不活	中性	女性	
単1,5	náš		naše	naše	1,5
2	našeho			naší	2
3	našemu			naší	3
4	našeho	náš	naše	naší	4
6	našem			naší	6
7	naším			naší	7

◇ váš「あなた（がた）の / 君たちの」の変化は、頭の n を v に替えるだけです（vašeho, vašemu, vaší ...）。

複1,5	naši〔男活〕 naše〔男不活 / 女 / 中〕
複2	našich
複3	našim
複4	naše
複6	našich
複7	našimi

🛟 jeho と jejich は不変化だが、její は形容詞型の変化をする

jeho「彼の」と jejich「彼らの」はどんな場合にも形は変わりません。ただし její「彼女の」は、次のように〈-í型〉形容詞と同様の変化をします。

例）o jejím psovi　彼女の犬について　　o její kočce　彼女の猫について

また jeho はその前に出た単数形の男性名詞や中性名詞を、její は単数形の女性名詞を、jejich は複数形の名詞（性は関係なく）を受けて、「その物の」の意味でも使われます。次のページの例を見てください。

例）časopis a jeho obal 雑誌とその表紙　cédéčko a jeho obal CDとそのジャケット
kniha a její obal 本とその表紙　knihy a jejich autor 本〔複数〕とその著者

obal 表紙　autor 作者〔男性〕

1 次の語を適切な形にし、文の意味を言いましょう。指定がなければ単数形として変化させてください。

1　naše rodina：　Tohle je fotka .... ○ rodina 家族
2　náš dědeček：　Pan Černý šel do hospody s ....
○ hospoda 居酒屋
3　váš syn：　Viděl jsem .... na autobusovém nádraží.
○ autobusové nádraží バスターミナル
4　vaši bratři〔複数〕：Seznámil jsem se s .... v hospodě.
5　jeho kolega：　Na večírku jsem se seznámila s ....
○ večírek, -rku パーティー
6　její pes：　Nepamatuju si jméno ....
○ pamatovat si 覚えている　○ jméno 名前
7　její kolegyně〔複数〕：Miloš často mluví o ....
8　jejich dům：　Před .... je pěkný park.

2 次のチェコ語の意味を考えてみましょう。

1　Tohle je nová kniha. Její obal jsem navrhla já.
○ obal, -u 〔男〕表紙　○ navrhnout* デザインする、提案する
2　Tyhle kočky nejsou naše. Jejich majitel je teď na služební cestě.
○ majitel, -e 持ち主、飼い主〔男性〕　○ služební cesta 出張

3 次の日本語をチェコ語に訳してみましょう。

1　昨日僕はあなたがたの息子さん（一人）とサッカーをしました。

2　この小説をご存知ですか？　この作者はプラハに住んでいるんですよ。
○ román 小説　○ autor 作者〔男性〕

第56課 ヤンはパヴェルよりだいぶ背が高い

① Tvůj počítač je novější než můj.　　君のパソコンは僕のより新しいね。
② Jan je mnohem vyšší než Pavel.　　ヤンはパヴェルよりだいぶ背が高い。

mnohem 副 だいぶ　　vysoký（背が）高い

🛟 形容詞の比較級は -ější か -ší となる

たとえば「○○は××より安い」と言うには、まず形容詞自体を然るべき形に変えます。具体的には、形容詞 levný「安い」を levnější という形に変えることで、これ自体が「もっと安い」の意味になります。そして比較の対象「××より」は、①②のように než ×× という形で表します。なお než のうしろは、比べる対象と同じ格になります。

原則としては、形容詞の元の形から ý か í を取って -ější（または -ejší）を加えれば、「もっと〜だ」を表す形、いわゆる〈比較級〉ができます。元の形が下の左表のように終わる形容詞は、この要領で比較級をつくります。

ただし元の形が右表のように終わる形容詞には、-ější / -ejší ではなく -ší という語尾をとるものがあります。たとえば blbý「馬鹿な」の比較級は blb**ější** ですが、slabý「弱い」の比較級は slab**ší** になります。どちらの語尾をとるかは語ごとに決まっていますので、最終的には辞書などで確認が必要です。

-lý	⇒ -lejší
-mý	⇒ -mější
-ný/-ní	⇒ -nější
-pý	⇒ -pější
-zý/-zí	⇒ -zejší
-ský	⇒ -štější
-cký	⇒ -čtější

-bý	⇒ -bější / -bší
-dý	⇒ -dší（まれに -dější）
-hý	⇒ -žejší / -žší
-chý	⇒ -šší（まれに -šejší）
-rý	⇒ -řejší / -rší
-tý	⇒ -tější / -tší
-vý	⇒ -vější（まれに -vší）

※ ただし malý, velký, dlouhý, dobrý, špatný は不規則な変化になりますから、次の課で改めて学びましょう。

これら形容詞の比較級はすべて –í で終わるので、〈-í 型〉変化になります。

🛟 -ký で終わる形容詞は比較級の形がさまざま

上の表にない -ký で終わる形容詞は比較級の形がさまざまで、těžký ⇒ těžší, krátký ⇒ kratší, vysoký ⇒ vyšší, divoký ⇒ divočejší, hezký ⇒ hezčí, lehký ⇒ lehčí

などのようになります。これらの比較級のできかたに規則性がない訳ではないのですが、非常に複雑ですので、そのままの形で覚えてしまう方が現実的です。

1 次の形容詞を比較級にして空欄を埋め、文の意味を言いましょう。比較級の形は、必要に応じて巻末の単語リストで調べてください。

1 známý 有名な： Myslím si, že Dvořák je .... než Janáček.
　　　　　　　　　○ Dvořák と Janáček はともにチェコの作曲家。

2 pěkný 素敵な： Tahle černá sukně je .... než ta bílá.
　　　　　　　　　○ sukně 女 スカート

3 moderní モダンな： Karel bydlí v .... bytě než Pavel.
　　　　　　　　　○ byt アパート

4 sympatický 感じのよい： Pavel je .... než Karel.

5 mladý 若い： Petr je .... než Jana.

6 těžký 難しい： Je čeština .... než japonština?

7 lehký 軽い： Máš .... kufr než já.

8 hezký 美しい： Mám mnohem .... partnerku než Pavel.

2 次のチェコ語の意味を考えてみましょう。

1 Myslíte si, že je Praha krásnější než Tokio?

2 Slyšel jsem, že je v Česku pivo levnější než voda.

3 Já jsem o centimetr vyšší než Pavel.
　　　○ centimetr (–) センチメートル（-ti- は [-ty-] と発音）
　　　○「～の分だけ」と差を言う場合は、前置詞 o に4格を続けて表します。

3 次の日本語をチェコ語に訳してみましょう。

1 新幹線は電車よりだいぶ速い。　○ Šinkansen 新幹線　○ rychlý 速い

2 ヤナはペトルより一歳年上だと聞きましたよ。
　　　○ starý 年をとった　○ rok (–) 年　○ slyšet 聞く

第57課 ヴルタヴァはチェコで最も長い川です

① Miloš je můj nejlepší kamarád.　　ミロシュは私の最良の友です。
② Vltava je nejdelší řeka v Česku.　　ヴルタヴァはチェコで最も長い川です。

řeka 川　Česko チェコ

🛟 比較級が完全に不規則な形容詞は五つだけ

次の五つの形容詞は、比較級が完全に不規則な形となります。
　　　malý 小さい ⇒ menší　　velký 大きい ⇒ větší　　dlouhý 長い ⇒ delší
　　　dobrý 良い ⇒ lepší　　špatný 悪い ⇒ horší

🛟 副詞にも比較級がある

チェコ語の副詞の大部分は -ě か -e で終わりますが、ふつう、これに -ji を加えるだけで比較級の形になります。
　　　pozdě 遅れて ⇒ později　　rychle 速く ⇒ rychleji
-o で終わる副詞では、-o を -ěji に、また -lo の場合は -leji に替えます。
　　　často 頻繁に ⇒ častěji　　teplo あたたかく ⇒ tepleji
-u で終わる副詞の pomalu「ゆっくりと」の比較級は pomaleji となります。
また、次のような副詞の比較級は不規則な形になり、さらにそれぞれに口語形と文語形があります。左に挙げてある方が口語形で、右が文語形です。
　　　dobře 良く ⇒ líp / lépe　　　　　špatně 悪く ⇒ hůř / hůře
　　　mnoho, hodně 多く ⇒ víc / více　　málo 少なく ⇒ míň / méně
　　　dlouho 長く ⇒ (dýl) / déle　　　　daleko 遠く ⇒ dál / dále
　　　vysoko 高く ⇒ výš / výše　　　　nízko 低く ⇒ níž / níže
※ dýl に限り、正式な文章での書き言葉としては使うことができません。

🛟 最上級は比較級に nej- を足す

たとえば形容詞 nový の比較級である novější の頭に nej- を足して nejnovější とすれば、「最も新しい」の意味になります。これがいわゆる〈最上級〉です。
また「〜の中で（最も）」という〈比較の範囲〉を表すには、②のように場所を表す v＋6格や na＋6格などを使うか、あるいは次のようにその語自体を2格形にします。また z＋2格を使う方法もあります。

例) nejdelší řeka Česka　　チェコで最も長い川
　　nejstarší z nás　　私たちのうちで一番年長の

副詞の最上級も、比較級の頭に nej- を足すだけです。

例) nejrychleji　最も速く　　　nejlíp　最も良く

1 日本語訳に合わせて、次の空欄を埋めましょう。

1 Chtěla bych .... ledničku.　もっと大きな冷蔵庫がほしいんだけど。
2 Mám .... slovník než vy.　私は君たちより良い辞書を持ってるよ。
3 Česko je .... než Polsko.　チェコはポーランドより小さい。
4 Eva má .... náladu než včera.　エヴァは昨日より機嫌が悪い。
　　　○ nálada は「機嫌」、mít špatnou náladu で「機嫌が悪い」の意味になります。
5 Hana přišla .... než Jakub.　ハナはヤクプよりも遅れて来た。
6 Tomáš vaří .... než Jan.　トマーシュはヤンより料理が上手い。
7 Mám se učit ještě ....　私はもっとたくさん勉強しなきゃいけない。
　　　○ ještě 副 まだ、さらに

2 次の語を最上級にして書き入れ、文の意味を考えてみましょう。

1 nový： Chci jít do kina na .... bondovku.　○ bondovka ボンド映画
2 velký： Která je .... lednička v tomhle obchodě?
3 dobrý： Hlad je .... kuchař.　○ hlad 空腹　○ kuchař 料理人
4 často： Do které hospody chodíš .... ?
5 málo： Mně se ta bondovka líbí ....

3 次の日本語をチェコ語に訳してみましょう。

1 ヴォルガ (Volha) はヨーロッパで一番長い川だ。
　　　○ Evropa ヨーロッパ (v をとる)

2 もっとゆっくり話していただけませんか？

第58課 砂糖をちょうだい

❶ Podej mi cukr. 　　　　　　砂糖をちょうだい。
❷ Měj se hezky! 　　　　　　元気でね！

podat* 手渡す　　mít se... 体調が…である　　hezky 副 美しく、良く

命令形は oni 形からつくる

　チェコ語で〈命令形〉をつくる第一歩は、その動詞の〈oni 形〉すなわち oni が主語のときの活用形から í または ou を取り去ることです。
　たとえば pracovat の oni 形は pracují（または pracujou）です。ここから í（または ou）を取ると pracuj になり、これがそのまま ty に対する命令形「君、働け」になります。この pracuj に -te を付加した pracujte は vy に対する命令形「働いてください；君たち働きなさい」となり、また -me を付加した pracujme は自分を含めた my に対する命令形「働こう」になります。
　次の活用型の動詞では、通常この要領で命令形がつくられます。

-ovat 型	pracovat　（oni pracuj-í）	⇒ pracuj – pracujte – pracujme
-et / ět (oni -ejí / -ějí)	sázet 植える（oni sázej-í）	⇒ sázej – sázejte – sázejme
-et / ět (oni -í)※	běžet 走る（oni běž-í）	⇒ běž – běžte – běžme
語幹が交替し語幹末が j になる動詞	pít 飲む（oni pij-í）	⇒ pij – pijte – pijme
	hrát 遊ぶ（oni hraj-í）	⇒ hraj – hrajte – hrajme

※原形が -dět, -tět, -nět で oni -í の動詞は、命令形では -ď, -ť, -ň となります。

　〈dělat 型〉は、oni 形から í を取り、さらに aj を ej に替えます。

dělat 型	udělat*（oni udělaj-í）	⇒ udělej – udělejte – udělejme

　次の動詞の命令形は不規則な形になりますので、そのまま覚えましょう。

být	⇒ buď – buďte – buďme	stát 立つ	⇒ stůj – stůjte – stůjme
mít 持つ	⇒ měj – mějte – mějme	vědět 知る	⇒ věz – vězte – vězme
jíst 食べる	⇒ jez – jezte – jezme		

　jít は次のように、意味によって命令形を使い分けます。

jít ⇒	「あちらへ行け」　jdi – jděte（– jděme）
	「こちらへ来い」　pojď – pojďte（– pojďme は「行こう」の意味）

また、najít*「見つける」など jít から派生した動詞は najdi – najděte – najděme となるのが普通ですが、přijít*「（歩いて）来る」に限り přijď – přijďte – přijďme となります。

1 次の動詞を命令形にし、文の意味を言いましょう。指定がない限り ty に対する命令形にしてください。

1 tancovat 踊る： Maruško, ... se mnou!
　　　　　　　　　　　　　　　　　　　○ Maruška〔女性名・Marie の愛称形〕

2 běžet 走る： Honzo, ... rychleji!

3 smát se ほほえむ (směju se, směješ se...)： .... víc!

4 hledat 探す、検索する： .... na internetu.〔vy に対して〕
　　　　　　　　　　　　　　　　　　　○ internet, -u インターネット

5 zpívat 歌う： .... společně!〔my に対して〕　○ společně 副 一緒に

6 být ～である： .... optimistický.
　　　　　　　　　　　　　　　　　　　○ optimistický 楽観的な（-ti- は [-ty-] と発音）

7 jíst 食べる： Jirko, ... zeleninu!

8 jít： Filipe, ... sem!　○ sem 副 こちらへ

2 次のチェコ語の意味を考えてみましょう。

1 Nebuď tak pesimistický.
　　　　　　　　　○ tak そのように　○ pesimistický 悲観的な（-ti- は [-ty-] と発音）

2 Jirko, neříkej to mámě...　○ říkat 言う　○ máma ママ

3 Přijď k nám na večeři.

3 次の日本語をチェコ語に訳してみましょう。

1 もう飲むな！　○ už もう

2 この写真を見てください。　○ podívat se*（意識して）見る　○ fotka 写真

第59課 本当のことを言ってよ！

命令形の語尾は動詞によって使い分ける

oni 形から -í か -ou を取り去った後、最後の二文字が［母音＋子音］であるか、あるいは［子音＋子音］であるかで、下のように命令形で付ける語尾一式が変わります。前の課で見た動詞はすべて［母音＋子音］のパターンでしたので、語尾の使い分けは必要ありませんでした。

		-te	-me	うしろの子音 が d, t, n の場合、命令形では ď, ť, ň になります。
［母音＋子音］	—	-te	-me	
［子音＋子音］	-i	-ete -ěte	-eme -ěme	うしろの子音 が d, t, n; b, p, m, v であれば、命令形では下の -ěte, -ěme の方を加えます。

以下の型の動詞では命令形の語尾一式を使い分ける必要があります。カッコ内は oni 形から ou や í を取り去った形です。

語幹交替型

［母音＋子音］	nést 運ぶ（nes-）	⇒ nes – neste – nesme
	psát 書く（píš-）※1	⇒ piš – pište – pišme
［子音＋子音］	poslat* 送る（pošl-）	⇒ pošli – pošlete – pošleme
	číst 読む（čt-）	⇒ čti – čtěte – čtěme

※1 最後から二文字目に長い母音がある場合、命令形では短くなります。

-it 型

［母音＋子音］	mluvit 話す（mluv-）	⇒ mluv – mluvte – mluvme（発音は [mlufme]）
	vrátit* 返す（vrát-）※1	⇒ vrať – vrať te – vrať me
	koupit* 買う（koup-）※2	⇒ kup – kupte – kupme
［子音＋子音］	kreslit 描く（kresl-）	⇒ kresli – kreslete – kresleme

※2 -ou- は -u- に変化します。

-nout 型（原形が -nout でないものも含む）

［母音＋n］	zapomenout* 忘れる（zapomen-）	⇒ zapomeň – zapomeňte
［子音＋n］	rozhodnout* 決める（rozhodn-）	⇒ rozhodni – rozhodněte

1 次の動詞を命令形にし、文の意味を言いましょう。指定がない限り ty に対する命令形にしてください。

1. poslat* 送る： .... mi ty fotky z dovolené!
   ○ dovolená 休暇（→第41課）
2. zavřít* 閉める： .... okno!
3. ukázat* 見せる： .... mi jízdenku.〔vy に対して〕
   ○ jízdenka 乗車券
4. koupit* 買う： Mámo, ... mi to!
5. odložit si* 上着を脱ぐ： ...., prosím.〔vy に対して〕
6. posadit se* 腰をかける： ...., prosím.〔vy に対して〕
7. vytisknout* 印刷する： .... ten soubor.
   ○ soubor（パソコンの）ファイル
8. zapomenout* 忘れる： Na to ....
   ○ zapomenout* na＋4格で「～のことを忘れる、意識から外す」という意味になります。

2 次のチェコ語の意味を考えてみましょう。

1. Uč se česky!
2. Máš horečku? Tak zůstaň doma. ○ horečka 熱 ○ tak じゃあ、それなら
3. Ničeho se neboj! ○ ničeho は nic「何も（～ない）」の2格形です。1・4格形は nic ですが、それ以外は co と同じ変化（→第33課）をします。動詞も否定形になります。
   ○ bát se 恐れる（→第49課）

3 次の日本語をチェコ語に訳してみましょう。

1. 家に帰りましょう。 ○ vrátit se* 帰る

2. パスポートを忘れるなよ！ ○ pas, -u 男 パスポート

3. 私に本当のことを言ってよ！ ○ říct* 言う ○ pravda 真実

第60課 休暇に海へ行くんです

❶ Pojedeme k moři na dovolenou.　休暇に海へ行くんです。

❷ Řekl jsem soudci, že jsem to nedělal já.
　　僕は裁判官に、それをやったのは僕ではない、と言った。

dovolená 休暇、バカンス（形容詞型の名詞→第41課）　říct* 言う

🛟 -e / -ě で終わる中性名詞には2種類ある

　元の形が o や í で終わるもののほかに、e（または ě）で終わる中性名詞も存在します。このような〈-e / -ě で終わる中性名詞〉はさらに moře 型と kuře 型の二種類に分かれますが、この課ではまず moře 型を学びましょう。

	単数	複数
1	moře　海	moře
2	moře	moří / letišť
3	moři	mořím
4	moře	moře
5	=1	=1
6	moři	mořích
7	mořem	moři

　moře 型に属する代表的な語は、slunce「太陽」、srdce「心臓；心」、ovoce「果物」、poledne「正午」や kafe「コーヒー」など、また letiště「空港」、hřiště「運動場」など -iště で終わり場所を表す語です。なおこれらの -iště で終わる語は、複数2格では -išť という形になります。

🛟 子音＋ce で終わる男性名詞は役職や立場を表す

　活動体の男性名詞には、元の形が子音で終わる pán 型と muž 型や、-a で終わる předseda 型のほかに、[子音＋ce]で終わる soudce 型があります。この型に属するのは zachránce「救命士」や zástupce「代表者」など、役職や立場を表す語がほとんどです。

	単数	複数
1	soudce　裁判官	soudci, -ové
2	soudce	soudců
3	soudci, -ovi	soudcům
4	soudce	soudce
5	soudce!	=1
6	soudci, -ovi	soudcích
7	soudcem	soudci

　soudce 型の変化は実質的に muž 型とほとんど共通です。単数3・6格で基本となる語尾は -i の方であり、複数1格では -i の方がより一般的に用いられる点も同じです。

→ muž 型の変化は第23・37課

1 日本語訳に合わせて、次の語を適切な形に変化させましょう。

1　ovoce 果物：　　Jezme .... a zeleninu.　果物と野菜を食べよう。

2　kafe コーヒー：　Dáš si .... ?　コーヒー飲む？
　　　　　　　　　　　　　　　　　　　○ kafe の方が káva より口語的な語です。

3　vejce 卵：　　　Jím chlebíček s .... a šunkou.
　　　　　　　　　卵とハムのオープンサンドを食べてるよ。
　　　　　　　　　　　　　　　○ chlebíček, -čku オープンサンド　○ šunka ハム

4　letiště 空港：　Počkám na tebe na ....　空港で君を待つよ。
　　　　　　　　　　　　　　　○ počkat* (na+4)　(〜を)待つ (→第51課)

5　průvodce 添乗員：Zeptám se toho ...., kde je záchod.
　　　　　　　　　　あのガイドさんに、トイレはどこかたずねてみるよ。
　　　　　　　　　　　　　　　○ zeptat se* たずねる (→第49課)　○ záchod トイレ

6　zástupce 代表者：My jsme .... z České republiky.
　　　　　　　　　　私たちはチェコ共和国からの代表者です。

2 次のチェコ語の意味を考えてみましょう。

1　Já vám ze srdce děkuju.

2　Ze kterého nástupiště odjíždí vlak do Brna?
　　　　　　　　　　○ nástupiště, -ě 中 プラットフォーム　○ odjíždět 出発する

3　Zítra dopoledne se sejdeme na hřišti.
　　　　　　　　　　○ dopoledne, -e 中 午前　○ sejít se* (sejdu se, sejdeš se...) 集合する

3 次の日本語をチェコ語に訳してみましょう。

1　私たちはあのガイドさんに心から感謝しています。

2　昨日の午後、私たちは駐車場に集合しました。
　　　　　　　　　　○ odpoledne, -e 中 午後　○ parkoviště, -ě 中 駐車場 (na をとる)

3　(あなたがたは)空港へはバスで行かれますか？　○ autobus, -u 男 バス

第61課 何かペットを飼っていますか？

◎ -e / -ě で終わる中性名詞の kuře 型は大幅に形が変わる

元の形が e か ě で終わる中性名詞のうち、moře 型については前の課で学びました。今度は kuře 型を学びます。

この変化型に属する代表的な名詞は zvíře「動物」や děvče「女の子、少女」、さらに kotě「子猫」や štěně「子犬」など動物の子どもを表す名詞です。また rajče「トマト」もこの型になります。

	単数	複数
1,5	kuře 若鶏	kuřata
2	kuřete	kuřat
3	kuřeti	kuřatům
4	kuře	kuřata
6	kuřeti	kuřatech
7	kuřetem	kuřaty

見ての通り、格によって大幅に形が変わりますから、慣れるまではとても大変です。

◎ dítě「子ども」は特殊な変化をする

「子ども」という意味の中性名詞 dítě は特別な格変化をします。右表のように単数では kuře 型の変化をしますが、複数では dět- という形から女性名詞 kost 型の変化になります。

	単数	複数
1,5	dítě 子ども	děti
2	dítěte	dětí
3	dítěti	dětem
4	díte	děti
6	dítěti	dětech
7	dítětem	dětmi

◎ člověk「人」と lidé「人々」は独自の変化をする

「人」を表す語は、右のように単数（＝人ひとり）の場合と複数（＝人々）の場合で形が大きく異なり、それぞれが独自の変化をします。

1	člověk 人	lidé 人々
2	člověka	lidí
3	člověku	lidem
4	člověka	lidi
5	člověče!	lidé!
6	člověku	lidech
7	člověkem	lidmi

また přítel「親友」は muž 型の男性名詞ですが、複数形では přátelé〔複1格〕や přátelích〔複6格〕となり、pří- の部分が přá- に替わります。ただし複数2格は přátel と特別な形になり、přátelů とはなりません。

1 日本語訳に合わせて、指定された語を変化させましょう。

1　zvíře　動物：　Máte doma nějaké ＿＿＿＿＿？
　　　　　　　　　何かペットを飼っていますか？　○ nějaký 何らかの

2　kotě　子猫：　Nedávej tomu ＿＿＿＿＿ mléko.
　　　　　　　　その子猫にミルクをやるなよ。

3　děvče　女の子：　Znáš to ＿＿＿＿＿ s dlouhými vlasy?
　　　　　　　　　　あの長い髪の女の子を知ってる？

4　dítě　子ども：　Jdeme na nákup s ＿＿＿＿＿.
　　　　　　　　　子ども（一人）と一緒に買い物に行きます。

5　člověk　人：　Pes je nejlepším přítelem ＿＿＿＿＿.
　　　　　　　　犬は人間の最良の友だ。

6　lidé　人々：　Tomáš se necítí dobře mezi ＿＿＿＿＿.
　　　　　　　　トマーシュは人の集まりの中では落ち着かない。
　　　　　　　　　　　　　　　　　　○ cítit se 感じる、心地がする

2 次のチェコ語の意味を考えてみましょう。

1　Mámo, proč mám jíst rajčata?　○ rajče, -te 中 トマト

2　Můj dědeček žije se štěnětem.　○ štěně, -te 中 子犬

3　Poslal jsem svým přátelům pohlednice.　○ pohlednice 女 絵はがき

4　Přicházejí Věra a Petr. Věděl jsi, že jsou dvojčata?
　　　○ přicházet 来る（přijít*とペアの不完了体動詞）　○ dvojče, -te 中 は「双子（の片方）」、dvojčata で「双子のきょうだい」の意味になります。

3 次の日本語をチェコ語に訳してみましょう。

1　明日あの双子のきょうだいと一緒にパーティーへ行きます。
　　　　　　　　　　　　　　　　　　○ večírek, -rku パーティー

2　昨日、私たちは子どもたちと遊園地にいました。
　　　　　　　　　　　　　○ zábavní park 遊園地（být v+6 を使う）

第62課 これで全部です

❶ To je všechno. これで全部です。

❷ Často se říká, že všichni muži jsou stejní.
男はみな同じ、とはよく言われる。

říkat 言う〔říct*とペアの不完了体動詞〕 stejný 同じの、同様の

🛟 všechno は「全部」、všichni は「全員」

všechno は「全部、すべて」という意味の語で、文法的には単数の中性名詞と同じように扱われます。1・4格では vše, všecko という別の形があり、それぞれの格によって下の左表のように形が変わります。

右表の všichni 以下は、次のように複数形の名詞の前に付いて、「すべての」という意味を表します。

例) všichni muži〔1格〕, všech mužů〔2格〕 すべての男たち

また次のように名詞を伴わずに単独で用いると、「全員、すべての人々」という意味になります。

例) Všichni jsou tady. 全員ここにいます。

1	všechno, vše, všecko
2	všeho
3	všemu
4	všechno, vše, všecko
6	všem
7	vším

	男活	男不活 / 女	中
1,5	všichni	všechny	všechna
2		všech	
3		všem	
4		všechny	všechna
6		všech	
7		všemi	

🛟 se は受け身を表すこともある

se に「自分自身を」や「お互いを」という意味があることはすでに学びましたが（→第51課）、このほかに「～され（てい）る」という受け身の文をつくる働きもあります。たとえば「ここでは○○が売られている」という文は、動詞 prodávat「売っている」に se を加え、Tady se prodává cukr「ここでは砂糖が売られている」（主語＝１格が単数）、または Tady se prodávají knihy「ここでは本が売られている」（主語が複数）のようになります。

146

1 日本語訳に合わせて、次の空欄を埋めましょう。

1 .... je v pořádku.　全部OKだよ。
   ○ pořádek, -dku 秩序（v pořádku で「大丈夫だ」の意味）

2 Jana se o .... dozvěděla.　ヤナはすべてを（すべてについて）知った。
   ○ dozvědět se* (o+6格)（〜について）知るに至る

3 Nevěř ....　すべてを信じるな。

4 .... už šli domů.　みんなもう家へ帰ったよ。

5 .... ženy byly naštvané.　女性たちは皆、憤慨していた。
   ○ naštvaný 憤慨した

6 Jan je nejmladší ze ....　ヤンは全員の中で一番若いんだ。

7 Kouč řekl .... hráčům, aby se soustředili na hru.
   監督は選手全員に、プレーに集中するよう言った。
   ○ kouč 監督〔男性〕　○ soustředit se* 集中する　○ hra プレー

2 次のチェコ語の意味を考えてみましょう。

1 Všichni jsme unavení.

2 Říká se, že každý začátek je těžký.　○ začátek, -tku 最初

3 Tady se nekouří.

4 Obraz Alfonse Muchy se prodal v aukci.　○ obraz, -u 〔男〕絵
   ○ Alfons Mucha アルフォンス・ムハ（チェコの画家、ミュシャとも呼ばれる）
   ○ prodat* 売る〔prodávat とペアの完了体動詞〕　○ aukce 〔女〕オークション

3 次の日本語をチェコ語に訳してみましょう。

1 私たちは皆、満足していました。　○ spokojený 満足した

2 試合は日曜日に行われます。　○ zápas, -u 〔男〕試合　○ konat 行う

第63課 ルツィエは二児の母です

❶ Máme jednu dceru a tři syny.　　私たちには娘が一人と息子が三人います。
❷ Lucie je matka dvou dětí.　　ルツィエは二児の母です。

dcera 娘　syn 息子　dítě 田子ども（→第61課）

🛟 個数詞も格変化する

◇ jeden「一（の）」の格変化は、ten の単数変化（→第33課）の t- を jedn- に置き換えたものに等しくなります。ただし男性1格形、および4格形（不活動体のみ）は jeden となります。

　　例）jeden muž 一人の男 ⇒ jednoho muže〔2格〕, jednomu muži〔3格〕
　　　　jedna žena 一人の女 ⇒ jedné ženy〔2格〕, jedné ženě〔3格〕

◇「二（の）」「三（の）」「四（の）」は、下のように特別な変化になります。

	二（の）	三（の）	四（の）
1格	dva〔男〕, dvě〔女/中〕	tři	čtyři
2格	dvou	tří / třech（口語形）	čtyř / čtyřech
3格	dvěma	třem	čtyřem
4格	dva〔男〕, dvě〔女/中〕	tři	čtyři
6格	dvou	třech	čtyřech
7格	dvěma	třemi	čtyřmi

1格の場合、付く名詞や形容詞は複数1格形になりますが（→第42課）、これ以外の格では名詞や形容詞もその格に応じた複数変化をします。

　　例）dva muži 二人の男 ⇒ dvou mužů〔2格〕, dvěma mužům〔3格〕

◇「五」以上の場合、1・4格では数詞自体は変形せず、付く名詞や形容詞が複数2格形になります。

　　例）pět mužů 5人の男〔1・4格〕

一方、2・3・6・7格では、数詞部分に -i を付加し、名詞や形容詞はそれぞれの格に応じた複数変化になります。

　　例）pěti mužů〔2格〕, pěti mužům〔3格〕, pěti mužích〔6格〕

なお devět「九（の）」は2・3・6・7格で devíti という特殊な形になります。また deset「十（の）」には deseti と並んで desíti という形があります。

◇ 21以上の個数詞を格変化させるときは、〈一の位が先行する形〉（→ p.106）を基本にすることが普通です。これは特に一の位が「1」のときに顕著で、たとえば jednadvacet mužů「21人の男」は jednadvaceti mužům〔3格〕となります。「1」以外の場合は、たとえば「22人の男」は dvaadvaceti mužům〔3格〕にも dvaceti dvěma mužům〔3格〕にもなります。

1 次の語を適切な形にし、文の意味を言いましょう。

1 tři děti　3人の子ども：　　　Tereza je matka ＿＿＿＿＿＿＿＿＿＿．
2 ti čtyři studenti　あの4人の学生：　Znáš ＿＿＿＿＿＿＿＿＿＿？
3 dva Japonci　2人の日本人：　Pracuju se ＿＿＿＿＿＿＿＿＿＿．
4 tři králové　3人の王様：　　Znáte legendu o ＿＿＿＿＿＿？

　　　　　　　　　　　　　　　　　　　　　　○ legenda 伝説

5 pět černých koček　5匹の黒猫：　Mám doma ＿＿＿＿＿＿＿＿＿．
6 jedna koruna　1コルナ：　　To stojí jen ＿＿＿＿＿＿＿＿．

　○ koruna コルナ〔チェコ共和国の通貨単位〕
　○ stát には「（商品が）〜の値段である」という意味もあり、値段の部分は4格で表します。

2 次のチェコ語の意味を考えてみましょう。

1 Dědeček jde na procházku se dvěma psy.
2 Kolik to stojí? — To stojí pětadvacet korun.　○ kolik いくら、いくつ
3 Pozval jsem šest přátel na večírek.

　　　　　　　○ pozvat* 誘う（pozvu, pozveš...）　○ přítel 親友（→第61課）

3 次の日本語をチェコ語に訳してみましょう。

1 私は3人の友人をコンサートに誘います。　○ koncert コンサート

2 おじいちゃんはその2匹の犬に骨〔複数〕をやりました。　○ kost, -i 女 骨

3 これはいくらですか？ —これは3コルナです。

時刻の表現

107ページにつづいて、ここではよりくわしい時刻の言いかたを紹介します。

「何時に」の言いかた

「今何時です」の言いかたはすでに学びました。今度は、「何時に〜する」という場合の「何時に」の言いかたについて学びましょう。

◇ たとえば「1時」をそのまま言えば jedna hodina ですが、「1時に」と言いたい場合は前置詞 v に jedna hodina の4格形をつづけます。つまり、

  v jednu hodinu 1時に

この hodinu は省略可能で、v jednu と言ってもかまいません。

◇ 2時・3時・4時の場合は、前置詞 v が発音上の都合により ve の形になります。やはり hodiny の部分は省略可能です。

  ve dvě / tři / čtyři hodiny 2 / 3 / 4時に

◇ 5時から12時の場合、hodina の形は複数2格形の hodin という形になります。これも省略可能です。また12時のときだけ v が ve になります。

  v pět / šest / sedm / osm / devět / deset / jedenáct hodin

          5 / 6 / 7 / 8 / 9 /10 /11 時に

  ve dvanáct hodin 12時に

◇ 「何時に（…する）？」とたずねるには、**v kolik hodin ...?** を使います。

「何時半」の言いかた

たとえば「4時半」と言いたい場合には、「半分」という意味の語 půl と、「5番目の」という意味の順序数詞 pátý を用います。ただし pátý は女性単数2格形に直さなければなりません。すなわち、půl páté で「4時半」となります。なぜ女性単数2格形かというと、これはもともと půl páté hodiny（直訳：5番目の時間の半分、4時間半）であり、女性名詞 hodina の単数2格形である hodiny が省略されているからです。

◇ 1時半から11時半までは、すべてこの要領で言うことができます。

  půl druhé 1時半 půl třetí 2時半 půl jedenácté 10時半

ただし「12時半」は特別に **půl jedné** と言い、順序数詞 **první** は使いません。

◇ 「何時半に」と言いたい場合は、půl の前に v を付けるだけです。

  v půl jedné 12時半に v půl šesté 5時半に

◇ 「（今）何時半です」と言う場合の být の活用形は je になり、また「何時半

でした」と過去形で言う場合は単数中性形の bylo になります。
  Je / Bylo půl čtvrté.　3時半です／でした。

「15分」と「45分」
　チェコ語では「四分の一」を単位に物事を捉えることが多く、時刻の言いかたはその最たるものです。つまり「一時間の四分の一」である15分を単位として、15分・30分（půl）・45分で時刻を捉えます。
◇ čtvrt が「四分の一（15分）」にあたる語で、píseň 型の女性名詞になります。たとえば「7時15分」は次のように言います。
  čtvrt na osm (hodin)　7時15分
　この前置詞 na には4格がつづいており、na osm (hodin) で「8時に向かって」という意味合いになります。
◇「一時間の四分の三」である45分は、čtvrt（15分）×3 ということで tři čtvrtě と表します。たとえば「12時45分」は「1時に向かって45分」という考えかたをしますので、次のようになります。
  tři čtvrtě na jednu (hodinu)　12時45分
◇「（今）何時15分／45分です」と言う場合の動詞 být は、půl の場合と同様に je（現在形）か bylo（過去形）になります。
◇ 前置詞 v は čtvrt と tři čtvrtě の前では ve になります。すなわち「～時15分に」は ve čtvrt na ... で、「～時45分に」は ve tři čtvrtě na ... です。

「…と5分」「あと5分で…」
　さらに細かい時刻を言うには、これまでの言いかたに ...a pět minut「…と5分」や za pět minut...「あと5分で…」といった表現を足します。minut は minuta「分」の複数2格形です。具体的には、
  sedm a pět minut　7時5分（＝7時と5分）
  za pět minut sedm　6時55分（あと5分で7時）
  za pět minut půl deváté　8時25分（あと5分で8時半）
  za pět minut tři čtvrtě na jednu　12時40分（あと5分で12時45分）

　このようにチェコ語での時刻の伝えかたは非常に複雑で、すべてを習得するのはとても大変です。しかし sedm deset で「7時10分」、pět dvacet で「5時20分」といったように数字を並べるだけでも時刻は伝わりますので、確実に時刻の確認を取りたいときなどはこちらを使ってもいいでしょう。

第64課 この本はチェコ語で書かれている

❶ Tato kniha je napsána česky.　　この本はチェコ語で書かれている。
❷ Parkování je zakázáno.　　駐車は禁止されています。

parkování 駐車　　zakázat* 禁止する（zakážu, zakážeš...）

受動分詞でも受け身の文をつくることができる

　se を使った受け身の文については第62課で学びましたが、この課では〈受動分詞〉を使う方法を学びます。下の表のように、受動分詞は動詞の原形からつくられます。また「〜された／されている（ところの）」という受け身の意味を持つ形容詞や、「〜すること」という意味の動名詞は受動分詞からつくられますので、同じ表にまとめてあります。

動詞の原形		受動分詞	受け身の形容詞	動名詞
-at, -át	⇒	-án	-aný	-ání（一部 -aní）
-ovat	⇒	-ován	-ovaný	-ování
-it*	⇒	-en	-ený	-ení
-et / -ět	⇒	-en / -ěn	-ený / -ěný	-ení / -ění
-nout	⇒	-nut	-nutý	-nutí
-jmout	⇒	-jmut, -jat	-jmut, -jatý	-jmutí, -jetí
-st, -zt, -ct	⇒	語幹 + en	語幹 + ený	語幹 + ení

※子音ごと変化する場合がありますので注意しましょう。
　　-dit ⇒ -zen　　-tit ⇒ -cen　　-nit ⇒ -něn　　-stit ⇒ -štěn（一部 -stěn）　　-zdit ⇒ -žděn
　　例）ztratit* 失う ⇒ ztracen

　たとえば動詞 napsat*「書く」は -at で終わるので、受動分詞は napsán となります。ただしこれは男性単数形で、これ以外の性や数では次のように a, o, i, y の語尾を足します。
　　napsán**a**（女単）　　napsán**o**（中単）
　　napsán**i**（男活複）　　napsán**y**（男不活複／女複）　　napsán**a**（中複）
　そして❶や Knihy byly napsány česky「本〔複数〕はチェコ語で書かれた」のように být と組み合わせることで、受け身の文ができあがります。
　また napsaný とすれば「書かれた（ところの）」という意味の〈-ý 型〉の形

容詞になり、napsání とすれば「書くこと」という意味の中性名詞になります。

1 次の動詞を受動分詞にしましょう。名詞の性や数に合わせて a, o, i などの語尾を足してください。

1. odeslat* 送信する： E-mail byl .... メールは送信されました。
   ○ odeslat* は odešlu, odešleš... と活用します。

2. obdivovat 賞賛する： Ta spisovatelka je .... i v zahraničí.
   その作家は外国でも賞賛されている。
   ○ spisovatelka 作家〔女性〕 ○ zahraničí 外国

3. zrušit* 中止する： Zápas byl .... 試合は中止されました。

4. pozvat* 誘う： Byla jsem .... na večeři. 私は夕食に誘われた。

5. překvapit* 驚かす： Jsme velmi .... 我々は非常に驚いている。

2 次のチェコ語の意味を考えてみましょう。

1. Ta obdivovaná spisovatelka byla pozvána na speciální koncert. ○ speciální 特別な

2. Jsem přesvědčen, že mám pravdu. ○ přesvědčit* 確信させる

3. Příští rok bude tohle kino zavřeno. ○ příští rok 来年
   ○ zavřít* や otevřít* など -řít で終わる動詞は、受動分詞では -řen となります。

4. Vaše přihláška byla přijata. ○ přihláška 申込み（書）
   ○ přijmout* 「受け入れる、受理する」の活用は přijmu, přijmeš, přijme... となり、-nout 型の n が m に入れ替わったような活用になります。

3 次の日本語をチェコ語に訳してみましょう。

1. 全員がコンサートに招かれました。

   ....

2. 駐車場に二台の車が駐車されている。
   ○ zaparkovat* 駐車する ○ parkoviště, -ě 中 駐車場（na をとる）

   ....

練習問題解答例

第1課
1 **1** jsem **2** jste **3** jsem **4** Nejsem **5** Češka
2 **1** 私はヤナです。（私は）チェコ人です。 **2**（僕は）ペトルです。（僕は）チェコ人です。 **3** あなたは日本人〔男性〕ですか？ **4** はい、私は日本人〔男性〕です。
3 **1** (Já) Jsem 自分の名前. **2** (Já) Jsem Japonec / Japonka. **3** (Vy) Jste Čech? **4** (Vy) Jste Češka? **5** Já nejsem Hikaru!

第2課
1 **1** Ona **2** není **3** Co **4** paní **5** Pan
2 **1** 彼女は学生ではありません。 **2** カレル・ゴットって誰ですか？ **3** こちら（あちら）はノヴァーコヴァーさんです。 **4** チェルニー氏はスロヴァキア人です。
3 **1** (Ona) Není Češka. Je Slovenka. **2** To je pan Karel. **3** (Ona) Je slečna Petra. **4** To je dárek. **5** Paní Jana Nová je učitelka.

第3課
1 **1** jsou **2** Jsi **3** je **4** Kde **5** není
2 **1** 君は日本人〔男性〕なの？ **2** ノヴァーク氏とは誰ですか？ **3** ここにはチェルナーさんはいません。 **4** エヴァとパヴェルはここにいます。
3 **1** Kde je Věra? **2** Oni nejsou doma. **3** (Ty) Jsi Čech? **4** Paní Nováková je doma. **5** Tady není pan Černý.

第4課
1 **1** nová **2** dobré **3** dobrý **4** nová **5** krásná
2 **1** こちらが新しい先生〔女性〕です。 **2** ここに美しい公園があります。 **3** 中央駅はどこですか？ **4** 私は疲れています。〔話し手は女性〕
3 **1** Kde je nový park? **2** Nový učitel je unavený. **3** Tokio je hlavní město. **4** Praha je dobré město.

第5課
1 **1** Tahle (Tato) **2** To **3** Ta **4** To / Tohle (Toto) **5** ten
2 **1** これは美しい公園ですね！ **2** あの女性はどなたですか？ **3** あの犬はフィリップです。 **4** この黒い猫はタマです。
3 **1** Tohle (Toto) kino je staré. **2** Ta škola je nová. **3** To / Tohle (Toto) je velké nádraží. **4** Tenhle (Tento) pes je velký. **5** Ta kočka je pěkná.

第6課
1 **1** Tvoje **2** Váš **3** naše **4** Jejich **5** jeho **6** Její
2 **1** ここに私の名刺があります（こちらが私の名刺です）。 **2** これは私たちの犬で

す。　3 あなた（がた／君たち）の車はどこですか？　4 彼らの家はモダンです。

3　1 To je její sestra.　2 Naše učitelka je mladá.　3 Kde je tvůj pes?　4 Vaše auto je moderní.　5 Tohle (To) je jeho dům.

第 7 課

1　1 Děláš　2 děláte　3 Mám　4 říká　5 hledají

2　1 私は中央駅を探しています。　2 ペトルとエヴァは何て言ってるの？　3 私たちは宿題をしています。　4 君は時間ない（忙しいの）？

3　1 Pavel nedělá domácí úkol.　2 Pan Černý nemá čas.　3 Nemáte čas?　4 Co říká její bratr?

第 8 課

1　1 Mluvím　2 mluví　3 mluví　4 Mluvíme　5 Platíme　6 vaří

2　1 君は英語を話せる？　2 私のお母さんは英語は少ししか話せません。　3 彼のお姉さん（妹）は英語とドイツ語が話せます。　4 あなた（がた／君たち）は何を料理しているんですか？

3　1 Můj tatínek mluví trochu německy.　2 Mluvíme japonsky a česky.　3 Naše učitelka mluví anglicky velmi dobře.　4 Mluvím dobře česky.

第 9 課

1　1 Rozumím　2 Umíš　3 bydlí　4 sedí　5 Slyšíte

2　1 あなた（がた／君たち）はあの家が見えますか？　2 君はチェコ語がわからないの？　3 あなた（がた／君たち）のお姉さん（妹さん）はどこに住んでいるんですか？　4 ここには誰が住んでるんだろう？

3　1 Umíš anglicky?　2 Kdo tam sedí?　3 Kde bydlíte?　4 Umíme Česky.

第 10 課

1　1 (Učíme) se česky. 私たちはチェコ語を学んでいます。　2 (Můj) bratr se učí anglicky. 私の兄（弟）は英語を学んでいます。　3 (Dáme) si čaj. 私たちはお茶をいただきます。　4 (Věra) si dá víno. ヴィエラはワインを飲みます。　5 (Petr) a Jana se vrátí domů. ペトルとヤナは家に帰ります。

2　1 あなた（がた／君たち）はどこで日本語を学んでいるんですか？　2 君は何を飲む？　3 どなたがお茶を飲まれますか？　4 君はいつ家に帰るの？

3　1 Učíš se česky?　2 Moje sestra se učí anglicky.　3 Dáte si čaj?　4 Vrátíme se domů.

第 11 課

1　1 Brna これはブルノの地図です。　2 parku これは公園の写真です。　3 Jany これはペトルとヤナの写真です。　4 češtiny 彼はチェコ語の先生です。　5 Česka ここにチェコの地図があります。

2　1 これは日本の地図です。　2 パヴェルはすぐれたサッカーの選手です。　3 プラ

ハはチェコの首都です。　4 このプラハの写真は美しい。　5 そのチェコ語の辞書はとても良いですよ。

3　1 To (Tohle) je mapa Olomouce.　2 To (Tohle) je fotka Tomáše a Evy.　3 Vera je učitelka japonštiny.　4 To (Tohle) je slovník japonštiny.　5 Varšava je hlavní město Polska.

第12課

1　1 pivo　君はビールを飲む？　2 auto　君はどこに車を持っているの（君の車はどこにあるの）？　3 mapu　プラハの地図をお持ちですか？　4 Tomáše　私はトマーシュを知っています。　5 Mirka　君はミレクさんを知ってる？

2　1（私たち）お茶を飲みます？　2 君はオロモウツの地図を持ってない？　3 君はハーイェクさんを知らないのか？　4 ご姉妹はいらっしゃいますか？

3　1 Dáš si pivo, nebo víno?　2 Pavel má bratra.　3 Znám pana Karla Hájka.　4 Mám mapu Japonska.　5 Znáte slečnu Janu?

第13課

1　1 mladšího　私には弟がいます。　2 černé　私は黒ビールをいただきます。　3 černou　君はブラックコーヒーを飲む？　4 černého　私たちは家で黒い犬を飼っています。　5 zelený　緑茶はありませんか（直訳：あなたがたは緑茶を持っていませんか）？

2　1 あなた（がた／君たち）にはお兄さんがいますか？　2 チェコビールをお飲みになりますか？　3 彼のお姉さんは最新型の車を持っています。　4 私は良いチェコ語の辞書を持っていません。

3　1 Má mladší sestru.　2 Pavel má doma černou kočku.　3 Mám českého kamaráda.　4 Dáte si minerální vodu?　5 Máme japonské auto.

第14課

1　1 mu　2 jí　3 ti　4 jim　5 vám

2　1 お父さんが私に新しい車を買ってくれるの。　2 日本のビールは私たちの口には合いません。　3 そのチェコ語の本は君の気に入ってるかな？　4 そのアクセサリーは私にはまったく気に入らないわ。　5 寒いですか？―はい、寒いです。

3　1 Dám jí dárek.　2 Koupím ti japonský slovník.　3 Líbí se nám Ostrava.　4 Chutná ti japonské jídlo?　5 Je mi špatně.

第15課

1　1 ho　2 je　3 tě　4 nás　5 mě

2　1 あれは新しい先生だよ。もう彼女を知ってる？　2 あそこにパヴェルがいる。彼が見える？　3 あそこにペトルとヤナが座っています。彼らが見えますか？　4 あなた（がた／君たち）は日本語が楽しいですか？　5 私は右足が痛い。

3　1 To je paní Hájková. Znáte ji?　2 Pavel tě nezná.　3 Baví ho lední hokej.　4 Ten film mě nebaví.　5 Bolí tě hlava?

第16課

1　1 pracuje　2 děkuju (děkuji)　3 se jmenuje　4 Potřebuju (Potřebuji)　5 Milujeme

2　1 明菜とヤナはどこで働いているんですか？　2 ペトルはあなた（がた／君たち）にとても感謝しています。　3 君には時間が必要だよ。　4 私は君を愛している。

3　1 Můj bratr pracuje jako programátor.　2 Moc vám děkujeme.　3 Její pes se jmenuje Filip.　4 Potřebujou (Potřebují) pauzu.　5 Moje sestra studuje češtinu.

第17課

1　1 jdeš　2 jede　3 nejdu　4 do kavárny　5 Brna

2　1 私たちはオロモウツへ行きます。〔乗り物で〕　2 ペトルはどこへ行くの？〔歩いて〕　3 君は銀行へ行くの？〔歩いて〕　4 私は郵便局へ行きます。〔歩いて〕

3　1 Jeho sestra jde na náměstí.　2 Její bratr jde na nádraží.　3 Jedou do Brna.　4 Jedeme na hlavní poštu.　5 Moje matka jde do obchodu.

第18課

1　1 vlakem 彼らはブルノへ電車で行きます。　2 autem 私は車で中央郵便局へ行きます。　3 autobusem（私たちは）プラハへバスで行こうか？　4 kartou カードでお支払いですか？　5 Terezou テレザと一緒に広場へ行くのか？

2　1 パヴェルはオロモウツへ電車で行きます。　2 私は地下鉄で映画館へ行きます。　3 私たちはおじいちゃんと一緒に公園へ行きます。　4 私は砂糖入りの紅茶をいただきます。

3　1 Pan Hájek jede autem do Ostravy.　2 Jedete do banky metrem?　3 Jdu do parku s babičkou.　4 Platíme kartou.　5 Dáš si čaj s mlékem?

第19課

1　1 Můžu, můžete　2 Chceme　3 Chci　4 nemůžeš

2　1（私たちは）なんでここではタバコを吸えないんですか？　2 私に砂糖を取ってくれる？　3 彼女にきれいなアクセサリーを買ってあげたいな。　4 私たちは新しいパソコンがほしいんです。

3　1 Kde můžeme kouřit?　2 Můžete mi podat pepř?　3 Moje manželka chce novou ledničku.　4 Chci jet do Prahy autem.　5 Petr a Jana se chtějí vrátit domů.

第20課

1　1 mně　2 tebou　3 nám　4 námi　5 Tobě

2　1 ペトルとヤナが私たちについて話している。　2 君はホッケーが楽しい？　3 その映画は私にはまったく気に入らない。　4 私と一緒に行きたい？

3　1 Můžu jít s vámi?　2 Tomáš mluví o tobě.　3 Nechutná vám japonské jídlo?　4 Mě baví fotbal.　5 Eva a Věra hovoří o vás.

第 21 課

1　1 kočku（4格）　2 Haně（3格）　3 Janě（6格）　4 Praze（6格）　5 tetou（7格）

2　1 明菜はプラハが気に入っていない。　2 私は妻に冷蔵庫を買います。　3 ヤンはよく姉（妹）についてしゃべっている。　4 これはコーヒーについての本です。　5 彼らは大阪についてしゃべっています。

3　1 Tereza má doma kočku.　2 Petr je přítel slečny Jany.　3 To je kniha o Jokohamě.　4 Dám sestře knihu.　5 To je článek o Ostravě.

第 22 課

1　1 Jedí　2 Nejíš　3 Znáte　4 víte　5 Nevím

2　1 私たちは野菜を食べます。　2 君はエヴァさんを知ってる？　3 チェルナー夫人がどこにいるか知りませんか？　4 ハナはまだトマーシュが既婚だということを知らない。

3　1 Nejedí maso.　2 Jím zeleninu.　3 Znají slečnu Terezu.　4 Vím, že je Věra vdaná.　5 Nevíš, kde je hlavní pošta?

第 23 課

1　1 Petrovi（6格）　2 učitelem（7格）　3 panu Horákovi（3格）　4 psovi（3格）　5 Lukášovi（3格）

2　1 私は医者のところへ行きたくない。　2 ミレクとトマーシュはパヴェルについてしゃべっている。　3 ノヴァークさん、家で犬を飼っていますか？　4 君はクラール氏を知ってる？

3　1 Mluvíme o Mirkovi.　2 Koupím Pavlovi dárek.　3 Pan Novák mluví s lékařem.　4 Jdu do parku s panem Horákem.　5 Znáš pana Miloše Hájka?

第 24 課

1　1 hokeji 君たちはホッケーについて話しているの？　2 čas 私には時間がない。　3 Zlína 私たちはズリーンへバスで行きます。　4 Liberec いつリベレツへ帰ってくるの？　5 počítače ペトルはパソコンの前に座っている。

2　1 私たちは森の近くに住んでいます。　2 パヴェルとトマーシュはいつもサッカーについて話している。　3 私はホッケーについての雑誌を買います。　4 オロモウツについて何を知っていますか？

3　1 U stolu leží pes.　2 Potřebujeme čas.　3 Chci nový počítač.　4 To je kniha o měsíci.　5 Mluvíme o filmu.

第 25 課

1　1 kina（2格）私たちは映画館へ行きます。　2 Česku（6格）チェコについて何をご存知ですか？　3 Japonsku（6格）私たちは日本について話しています。　4 nádražím（7格）駅の前には大きな公園があります。　5 divadlem（7格）今、私たちは劇場の前にいます。

2 1 ホットミルクほしい？ 2 これはブルノについての記事です。 3 私たちは車でブルノへ行きます。 4 ブルノを知っていますか？ 5 映画館の前にいるあの若い男性は私の兄（弟）です。

3 1 U okna sedí Eva a Věra. 2 Můj bratr čeká před kinem. 3 Jedeme na hlavní nádraží metrem. 4 To je časopis o vaření. 5 Ta mladá žena před oknem je moje sestra.

第 26 課

1 1 poště ペトルとヤナは郵便局にいます。 2 oběd お昼を食べに行こう！ 3 bratrovi お兄さん（弟）のところへ行くの？ 4 kávě 私たちは今コーヒーを飲んでいます。 5 Praze どれくらい長くプラハに住んでいるんですか？

2 1 うちのおじいちゃんはスロヴァキアに住んでるよ。 2 私たちはおばあちゃんを訪ねに行くんです。 3 パヴェルとトマーシュはビールを飲んでいて、サッカーについて話してるよ。 4 ペトルとヤナはプルゼニュに住んでるよ。

3 1 Jdeme na nákup. 2 Jdu (Jedu) k sestře na návštěvu. 3 Naše babička bydlí v Liberci. 4 Jsme u babičky. 5 Dědeček je na procházce.

第 27 課

1 1 nového（男不活・2格） 2 bílému（男活・3格） 3 černé（女・3格） 4 české（女・6格） 5 hezkého（男活・4格）

2 1 黒い車の中のあのハンサムな男性は誰なの？ 2 チェコ共和国の国歌は美しい。 3 私の兄（弟）はチェスキー・クルムロフに住んでいます。

3 1 Jedeme do Českého Krumlova vlakem. 2 Karel hledá hezkou partnerku. 3 To je kniha o japonské hudbě.

第 28 課

1 1 moderním（男不活・6格） 2 hlavní（女・6格） 3 státní（女・6格） 4 cizího（男不活・2格）

2 1 ヤクプは中央駅で働いています。 2 私は妻に何か素敵なものを買います。 3 外国語で話したいなあ。

3 1 Jdu (Jedu) do obchodního domu. 2 Neznáš dobrého očního lékaře? 3 Chci jíst něco sladkého.

第 29 課

1 1 君〔女性〕は働くのは好き？ 2 この傘は誰の？ 3 どの銀行に行くの？ 4 あなた〔男性〕はどんな音楽がお好きですか？ 5 あなたのおじいさんはどちらの街に住んでいるんですか？

2 1 rády 2 kterou 3 Čí 4 Jaký 5 Jaké

3 1 Mám rád / ráda hudbu. 2 Máte ráda kávu? 3 Rád / Ráda cestuju. 4 Čí je to auto? 5 Jakého máš psa? (Jakého psa máš?)

チェコ語の動詞は「ペア」をなす (p.76-77)

Vracím se 毎週繰り返される行為を表すので、不完了体動詞の vracet se を使います。

第 30 課

1　1 Budeš　2 budete dělat　3 dáš　4 Budeme bydlet　5 pojedeš

2　1 君はいつ時間ができそう？　2 明日は天気はどうなるんだろう？　3 私は午後郵便局へ行きます。　4 週末はどこへ行こうか。　5 休憩をとろうよ。

3　1 Petr a Jana budou zítra doma.　2 Budeme mluvit s lékařem.　3 Zítra budu mít čas.　4 Pojedeme o víkendu k babičce.

第 31 課

1　1 Sednete si　2 dostanu　3 se dostanu　4 Řekneš　5 začne

2　1 kolegou 同僚〔男性〕とお昼を食べに行きます。　2 pana Kučeru クチェラ氏をご存知ですか？　3 Honzovi ホンザにはこのパソコンが気に入らない。　4 Jirkovi イルカについて何を知ってる？

3　1 （私たちは）中央郵便局へはどのように行けばいいですか？　2 クチェラさんに本当のことを言ってもいいかしら？　3 君はいつ働き始めるの？

4　1 Kdy Honzovi řekneme pravdu?　2 Příští týden dostanu novou knihu.

第 32 課

1　1 čtete　2 Ukážu　3 píšu　4 žije　5 Pijete　6 spí

2　1 私はあなたに写真を送ります。　2 それは私にはまったく理解できない。　3 私の兄（弟）は映画館の前に立っています。　4 パヴェルとカレルはどこにいるの？サッカーをしてるの？

3　1 Akina čte českou knihu.　2 Jana teď píše e-mail.　3 Její bratr hraje fotbal.　4 Žijeme v Praze.

第 33 課

1　1 té kavárně ヤナはあの喫茶店で働いています。　2 tom učiteli 私たちはあの先生について話しているんです。　3 tomhle náměstí 天文時計はこの広場にあります。　4 kom 誰について話してるの？　5 něco 何かをお探しですか？

2　1 あのコートは明日買います。　2 この猫にお魚をあげてもいい？　3 誰かを探してるの？　4 チェルナー嬢は誰と一緒に来るんだろう？　5 学校へは何で通ってらっしゃるんですか？

3　1 Znáš tu učitelku?　2 Karel přijde s tou hezkou partnerkou.　3 Koho hledají?　4 Čím jedeme (pojedeme) do té banky?

第 34 課

1　1 ho あそこに新しい映画館がある。見える？　2 ji あそこに私の友人〔女性〕が座ってる。もう彼女のことを知ってる？　3 něm ホンザは知ってる？彼についてどう思う？　4 něm あの黒い車が見える？あの車の中に座っているのは私の

お父さんだよ。 5 ho 天文時計はあそこにありますよ。見えますか？

2　1 あのハンサムな男の子は誰なの？　彼について何か知らない？　2 あなた〔男性〕はサッカーはお好きですか？　サッカーはされますか？　3 ヴィエラを知ってる？　私たちは今、彼女についてしゃべってるのよ。　4 あの大きな学校が見えますか？　私の息子はあの学校に通ってるんです。

3　1 Znáte pana Nováka? Co si o něm myslíte?　2 Kdo je ta holka? Nevíš o ní něco?　3 To je nová kniha. Teď ji čtu.　4 Píšeš e-mail? Kdy ho pošleš?

第 35 課

1　1 udělala　2 byl　3 šly　4 četl　5 se, líbilo

2　1 彼らは休憩をとった。　2 イルカはヴィエラと話したかったが、できなかった。　3 ミロシュはもうその本を読んでしまった。　4 ヤナはメールを書き上げ、それを送った。　5 ホンザは、明日来る、と言った。

3　1 Eva pracovala v bance.　2 Petr jel na poštu metrem.　3 Včera Pavel a Karel hráli fotbal.　4 Jan a Věra jedli hodně.

第 36 課

1　1 Udělali (Udělaly)　2 jsem přečetl / přečetla　3 jsi napsal　4 jste byli (byly)　5 jsem viděl / viděla

2　1 こんにちは、ヴィエラさん。いつプラハへ戻られたんですか？　2 どこでその素敵なマフラーを買ったの？　3 ホンザは今日は来ないって僕は聞いたよ。　4 僕は熱が出ちゃった。

3　1 Pracovali (Pracovaly) jsme i o víkendu.　2 Proč sis koupil ten časopis?　3 Dobrý den, slečno Evo! Kde jste byla o víkendu?　4 Zapomněl / Zapomněla jsem peněženku!

第 37 課

1　1 Kluci 男の子たちはサッカーをしている。　2 Učitelé 先生たちはそこにいなかった。　3 Japonci 日本人（たち）はよく働きます。　4 studentům この辞書は学生たちには不評だ。　5 bratry 私には兄弟がいます。

2　1 チェコ人（たち）はよく飲みます。　2 ここに学生たちの名簿があります。　3 私〔女性〕は兄弟たちにクリスマスの計画について言いました。　4 明日私たちは医師たちと話をします。　5 何かチェコ人についてのジョークを知ってる？

3　1 Studenti studujou (studují) japonštinu.　2 Kluci šli do kavárny.　3 To je časopis o psech.　4 Ten vtip o Japoncích je divný.　5 Zítra budu mluvit s profesory.

第 38 課

1　1 dárky クリスマスツリーの下にプレゼントがある。　2 počítače 図書館にはパソコンがある。　3 peníze 私は今、お金がない。　4 filmy どんな映画がお好きですか？　5 filmech ヤンとパヴェルはよく映画についてしゃべっている。

2 1 お母さんは私たちにプレゼントを買っています。　2 僕は電車についての本を買ったよ。　3 ドレスを着た（直訳：ドレスの中の）あの女の子は私の友人のエヴァです。　4 僕は一文なしだ（僕にはお金がない）。　5 あなた〔男性〕はクネドリーキはお好きですか？

3 1 To je katalog počítačů. 2 Jan a Eva mluví o počítačích. 3 Kupuju (Kupuji) manželce suvenýry. 4 Potřebujeme peníze. 5 Hrajete šachy?

第39課

1 1 kočky 木の下で猫たちが眠っている。　2 jahody 君〔男性〕はイチゴは好き？　3 kamarádkám 私は友人〔女性〕たちにプレゼントを買っています。　4 Čechách 私はボヘミア地方に暮らしています。　5 hokejistech 彼らはホッケー選手たちについてしゃべっている。　6 hračkami あそこにおもちゃ屋さんがあります。

2 1 私は姉妹たちとあの新しい喫茶店に行くつもりです。　2 お父さんは新聞を読んでいます。　3 僕はそれを新聞で読んだよ。　4 同僚たちは昼食中です。　5 君〔女性〕はもうそのことは同僚たちに言ったの？

3 1 To je kniha o kočkách. 2 Karel pořád mluví o holkách. 3 Mám sestry. 4 Kdy máte narozeniny?

第40課

1 1 mýdla ママ、石けんはどこ？　2 okna 窓を閉めていいですか？　3 cédéčka 私はカレル・ゴットのCDを持っています。　4 autech これは車についての雑誌です。　5 vízum 私にはビザが必要です。　6 centru 私たちは街の中心部に住んでいます。

2 1 私は背中が痛い。（「腰が痛い」の意味にもなる）　2 カレルは口を閉じた。　3 私は地下鉄で街の中心部へ行きます。　4 写真のアルバムはどこにあるの？　5 国民博物館へはどう行けばいいですか？

3 1 Kde jsou trička? 2 To je kniha o letadlech. 3 Často si kupuju (kupuji) dévédéčka. 4 Proč zavíráš okna?

第41課

1 1 české（男不活・複1格）私はチェコ映画が気に入っています。　2 japonských（中・複6格）日本車についてどう思われますか？　3 černým（女・複3格）黒猫たちに新鮮なお水をあげます。　4 nových（男不活・複2格）これが新しいパソコンのカタログです。　5 kvalitní（中・複1格）日本車は質が高い。

2 1 新しい先生たちはとても感じがいいね。　2 私たち〔男性のみ、または男性を含む複数人〕はとても疲れています。　3 長い髪の（直訳：長い髪とともにある）あの女性は私の母です。　4 チェルナー夫人を知ってる？　5 あの広報担当者〔女性〕は感じがよくなかったね。

3 1 Ony jsou unavené. 2 To je seznam japonských studentů. 3 Máte rádi (rády) japonské filmy? / Líbí se vám japonské filmy?　**4** Znáte pana Černého?　**5** Kupuju (Kupuji) známým suvenýry.

第42課

1　**1** tři Češi ここには3人のチェコ人がいます。　**2** čtyři auta 広場には4台の車があります。　**3** pět počítačů 図書館には5台のパソコンがあります。　**4** dvě knihy 机の上には2冊の本がありました。　**5** pět černých koček ここには5匹の黒猫がいます。

2　**1** 喫茶店に3人の日本人学生が座っています。　**2** そこには10台の黒い車がありました。　**3** ここでは日本人〔女性〕が一人働いています。　**4** 広場には4軒の喫茶店がある。

3　**1** Tam jsou dvě černé kočky.　**2** Tady jsou tři počítače.　**3** Tady pracuje deset Japonců.　**4** Na stole bylo šest knih.

第43課

1　**1** je あそこにエヴァとテレザが座ってる。彼女たちが見える？　**2** jim あそこに明菜と健太がいる。彼らはプラハが気に入っているのかな？　**3** nimi テレザとハナを知ってる？　私は彼女たちと新しいお店へ行くんだ。　**4** nich 健太はチェコ映画が気に入ってるの。よくチェコ映画について話してるよ。

2　**1** Ti　**2** těm　**3** ty　**4** těch

3　**1** これらの本はとても私の気に入っています。　**2** あの日本人の学生たちについて何か知ってますか？　**3** 私はあの日本人たちと一緒に働いています。　**4** どこでそのドレスを買ったの？　それを着てると（直訳：そのドレスの中では）素敵に見えるわよ。

4　**1** Vidíte ta auta?　**2** Tahle cédéčka se ti líbí?　**3** Pracujete s těmi Čechy?

第44課

1　**1** Kdybych, bych　**2** Kdybych, bych　**3** bych, kdyby　**4** bys

2　**1** もし僕が俳優だったなら、ハムレットを演じるんだけどなあ。　**2** もし君〔男性〕が王様だったら、何をする？　**3** もし私〔女性〕がチェコ語の辞書を持っていたなら、この記事を読むことができたのになあ。

3　**1** Kdybych byl fotbalista, hrál bych s Pavlem.　**2** Kdybych měl / měla čas, četl / četla bych knihy.

第45課

1　**1** abych　**2** aby　**3** byste　**4** bych　**5** abychom

2　**1** あなたがたは私たちに真実を言うべきです。　**2** 私〔女性〕はあんた〔男性〕にあの本を返してもらいたいんだけど。　**3** 私たちは国際見本市を見るためにブルノへ行きました。

3　**1** Šel / Šla jsem na Staroměstské náměstí, abych viděl / viděla orloj.　**2** Věro!

Chci (Chtěl bych), abys mi řekla pravdu.

第 46 課

1 1 může 2 musíš (máš) 3 Chcete 4 Mám (Musím) 5 Smíme (Můžeme)

2 1 その映画は君の気に入るはずだよ。 2 ヤクプは来る必要はなかったんだけど、来たんだよ。 3 ペトルは来るはずでは（来るべきでは）なかったんだけど、来ちゃったんだよ。 4 車を運転する際には、お酒を飲んではなりません。

3 1 Nesmíte (Nemůžete) parkovat na náměstí. 2 To nemůže být náhoda. 3 Ta šála se jí nemusí líbit. 4 Tereza měla přijít, ale nepřišla.

第 47 課

1 1 učebnici 僕はチェコ語の教科書を買ったよ。 2 práci 私は仕事を探しています。 3 snídani 朝食に何を食べる？ 4 Lucií 私はもう長いことルツィエと一緒に働いています。 5 Pardubic パヴェルはパルドゥビツェ出身です。

2 1 ミレクは和食レストランで働いています。 2 マリエはチェスケー・ブジェヨヴィツェに暮らしています。 3 私はメガネをかけたくない。 4 私たちは家でオス猫を飼っています。マツェクという名前です。 5 職場へは何で通ってるの？

3 1 Lucie pracuje v nemocnici. 2 Co si dáme k večeři? 3 Jdeme do japonské restaurace? 4 Žiju (Bydlím) v Pardubicích. 5 Můžu zavřít dveře? 6 Mají doma fenku. Jmenuje se Fialka.

第 48 課

1 1 píseň このチェコ語の歌を知ってる？ 2 posteli 猫たちがベッドで眠っている。 3 církve どのくらいの頻度で教会に行かれますか？ 4 pomoc 助けは要る（助けを必要としてる）？ 5 nemoci ヤクプは病気のため病院にいます。 6 bolesti パヴェルは頭痛で来なかったよ。

2 1 このチェコ語の歌について何かご存知ですか？ 2 職場へは何で通ってるの？地下鉄で、それとも市電で？ 3 事務職（オフィスでの仕事）をお探しですか？ 4 頭痛薬を持ってない？

3 1 Včera jsme byli v církvi. 2 Honza pracuje v cestovní kanceláři. 3 Jakou nemoc má jeho manželka?

第 49 課

1 1 černých koček 君は黒猫が怖いの？ 2 toho prodavače あの店員に、砂糖はどこか聞いてみるよ。 3 kocoviny 二日酔いを治したいなあ。 4 České republiky 私はチェコ共和国の出身です。 5 tebe 私〔女性〕は君に恋している。 6 maminky これはお母さんからのプレゼントです。 7 nás 私たちの国ではホッケーはそれほど人気はない。 8 cukru 私は砂糖なしでコーヒーは飲みません。 9 Petra ペトルによれば、これは本物のカレル・ゴットのサインだってさ。 10 ní そこにエヴァがいる。彼女の隣にノヴォトニー氏が座ってる。 11 snídaně

お父さんは朝食の間に新聞を読みます。
2　**1** 旧市街広場にはたくさんの旅行者がいた。　**2** あなたがたの国では野球は人気がありますか？　**3** 私たちは隣同士に住んでいます。
3　**1** Jsem z Japonska.　**2** Čeho se bojíš?

第 50 課

1　**1** Evě エヴァの犬がいなくなった。　**2** nám 私たちのおじいちゃんが亡くなった。　**3** mi 手伝ってくれる？　**4** černému humoru 私はブラックユーモアが理解できない。　**5** ti 私は君を信じていない。　**6** obědu お昼に何を食べようか？　**7** panu Novákovi 私はノヴァーク氏（の意見）には反対です。　**8** špatnému počasí 悪天候のため、彼らは家に残らなければならなかった。　**9** téhle učebnici この教科書のおかげで僕は試験に受かりました。

2　**1** 私たちはお互いに助け合わなければならない。　**2** 彼らはもう ty で呼び合う仲だ。

3　**1** Ztratil se mu kufr.　**2** Petr často pomáhá mamince.　**3** Ještě si vykají.

第 51 課

1　**1** Každý týden 私は毎週チェコ語の講座に通っています。　**2** Celou noc 僕は夜通し本を読んでいました。　**3** koho 誰を待ってるの？　**4** televizi 私〔女性〕はテレビを見るのが好きです。　**5** sestry 私は妹たちのためのプレゼントを持っています。　**6** spaní 私は睡眠薬を飲んでいます。　**7** hodinu 一時間後にまた来るよ。　**8** lidský život 人の命がかかってるんだぞ！

2　**1** ルツィエは鏡をのぞいて自分の姿を見た。　**2** ペトルとヤナは相思相愛だよ。　**3** カレルに関して言えば、かなり美人のパートナーがいるんだ。

3　**1** Můj manžel se dívá na fotbalový zápas.　**2** Včera jsem na tebe čekal hodinu.

第 52 課

1　**1** práci 仕事が終わったらディナーに行こうか？　**2** jídle ホンザ、食事中にメールを打っちゃだめだよ。

2　**1** příčinou これが問題の原因だと私は思う。　**2** českým prezidentem 僕はチェコの大統領になりたい。　**3** kamarády 昨日僕は友人たちと会いました。　**4** hodinou 私は一時間ほど前に彼を図書館で見ました。　**5** dědečkem 今晩私はおじいちゃんを訪ねに行きます。　**6** námi 私たちの間には何の問題もありません。

3　**1** 私にはチェコ語の試験が控えている（直訳：チェコ語の試験を自分の前に持っている）。　**2** もう試験は終わった（直訳：もう試験を自分の後に持っているか）？

4　**1** Miloš se stal českým prezidentem.　**2** Příští týden pojedu (jedu) za strýcem do Brna.

第 53 課

1　**1** který　**2** která　**3** kterou　**4** kterém　**5** kteří

2　**1** 昨日あんた〔男性〕が私に買ったこのドレス、全然私の気に入らないわ。

2 カレル・ゴットを知らない（ような）チェコ人は存在しない。

3　1 Ta žena, která stojí za autem, je moje matka.　2 Už jste viděli ten orloj, o kterém teď mluvíme?

第54課

1　1 mému tatínkovi　もう私のお父さんにそのことは言ったの？　2 moji / mou sestru　なんで私の姉（妹）のことを知ってるの？　3 mého přítele　これは私の彼氏の車なの。　4 tvoji / tvou maminku　私、郵便局であんたのお母さんを見たわよ。　5 tvým bratrem　昨日僕は君のお兄さん（弟さん）と会ったんだよ。　6 tvojí / tvé přítelkyně　君の彼女の同僚〔女性〕たちはとてもかわいいね。　7 Mým synům　うちの息子たちはチーズフライが好きなの。　8 tvými dcerami　エヴァは君の娘さんたちと一緒に喫茶店に座ってるよ。

2　1 トマーシュは私に自分の（＝彼の）辞書を貸したがらないの。　2 私に君の（＝自分の）辞書を貸してくれない？

3　1 Tvůj bratr šel na pivo s mým bratrem.　2 Tvoji (Tví) kamarádi jsou sympatičtí.

第55課

1　1 naší rodiny　これがうちの家族の写真です。　2 naším dědečkem　チェルニーさんはうちのおじいちゃんと一緒に居酒屋へ行ったよ。　3 vašeho syna　僕はバスターミナルでお宅の息子さんを見ましたよ。　4 vašimi bratry　僕はあなたのご兄弟たちと居酒屋で知り合いました。　5 jeho kolegou　私はパーティーで彼の同僚〔男性〕と知り合いました。　6 jejího psa　私は彼女の犬の名前を覚えていない。　7 jejích kolegyních　ミロシュはよく彼女の同僚〔女性〕たちについて話している。　8 jejich domem　彼らの家の前には素敵な公園がある。

2　1 これは新しい本です。この本の表紙をデザインしたのは私〔女性〕なんですよ。　2 この猫たちはうちの（飼い猫）ではないんです。この猫たちの飼い主は今、出張中なんです。

3　1 Včera jsem hrál fotbal s vaším synem.　2 Znáte tenhle román? Jeho autor žije (bydlí) v Praze.

第56課

1　1 známější　ドヴォジャーク（ドボルザーク）はヤナーチェクより有名だと私は思う。　2 pěknější　この黒いスカートの方がその白いのよりもかわいいよ。　3 modernějším　カレルはパヴェルよりもモダンなアパートに住んでいる。　4 sympatičtější　パヴェルはカレルより感じがいい。　5 mladší　ペトルはヤナより年下だ。　6 těžší　チェコ語は日本語よりも難しいですか？　7 lehčí　君は私より軽いスーツケースを持っている。　8 hezčí　僕にはパヴェルよりもだいぶ美人のパートナーがいる。

2　1 プラハは東京よりも美しいと思いますか？　2 チェコではビールは水より安

いって僕は聞いたよ。　3 僕はパヴェルより1センチ背が高いのさ。

3 1 Šinkansen je mnohem rychlejší než vlak.　2 Slyšel / Slyšela jsem, že je Jana o rok starší než Petr.

第57課

1 1 větší　2 lepší　3 menší　4 horší　5 později　6 líp / lépe　7 víc / více

2 1 nejnovější 私は映画館へ最新のボンド映画を見に行きたい。　2 největší どれがこのお店で一番大きな冷蔵庫ですか？　3 nejlepší 空腹は最高の料理人である。　4 nejčastěji どの居酒屋に一番よく行くの？　5 nejmíň / nejméně 私にはあのボンド映画は（ボンド映画の中で）一番気に入らない（直訳：もっとも少なく気に入っている）。

3 1 Volha je nejdelší řeka v Evropě (nejdelší řeka Evropy).　2 Nemůžete (Nemohl byste) mluvit pomaleji?

第58課

1 1 tancuj マルシュカ、僕と踊ってよ！　2 běž ホンザ、もっと速く走れよ！　3 Směj se もっと笑って！　4 Hledejte インターネットで検索してください。　5 Zpívejme 一緒に歌おう！　6 Buď 楽観的になれよ。　7 jez イルカ、野菜を食べなさい！　8 pojď フィリップ、こっちへ来て！

2 1 そんなに悲観的になるなって。　2 イルカ、このことはママには言うなよ…　3 うちに夕飯を食べにおいでよ。

3 1 Už nepij!　2 Podívejte se na tuhle fotku.

第59課

1 1 Pošli 休暇旅行で撮ったあの写真〔複数〕を私に送って！　2 Zavři 窓を閉めろ！　3 Ukažte 乗車券を見せてください。　4 kup ママ、あれ買って！　5 Odložte si 上着を脱いでください。　6 Posaďte se どうぞお掛けください。　7 Vytiskni そのファイルを印刷して。　8 zapomeň そのことは忘れろ。

2 1 チェコ語を学べ！　2 熱があるの？じゃあ家にいなよ。　3 何も恐れるな！

3 1 Vraťme se domů.　2 Nezapomeň pas!　3 Řekni mi pravdu!

第60課

1 1 ovoce（単4格）　2 kafe（単4格）　3 vejcem（単7格）　4 letišti（単6格）　5 průvodce（単2格）　6 zástupci（複1格）

2 1 私はあなたに心から感謝しています。　2 ブルノ行きの電車はどのプラットフォームから発車しますか？　3 私たちは明日の午前、運動場に集合します。

3 1 Děkujeme tomu průvodci ze srdce.　2 Včera odpoledne jsme se sešli na parkovišti.　3 Jedete (Pojedete) na letiště autobusem?

第61課

1 1 zvíře（単4格）　2 kotěti（単3格）　3 děvče（単4格）　4 dítětem（単7格）

5 člověka（単2格） 6 lidmi（複7格）

2 1 ママ、なんでトマトを食べなきゃいけないの？ 2 私のおじいちゃんは子犬と一緒に暮らしています。 3 僕は自分の友人たちに絵はがきを送りました。 4 ヴィエラとペトルがやって来るよ。彼らが双子だって知ってた？

3 1 Zítra půjdu (jdu) na večírek s těmi dvojčaty. 2 Včera jsme byli s dětmi v zábavním parku.

第62課

1 1 Všechno (Vše, Všecko) 2 všem 3 všemu 4 Všichni 5 Všechny 6 všech 7 všem

2 1 私たちは皆、疲れている。 2 何ごとも最初は難しい、と言われている。 3 ここは禁煙です（直訳：ここではタバコは吸われない）。 4 アルフォンス・ムハの絵がオークションで売られた。

3 1 Všichni jsme byli spokojení. 2 Zápas se bude konat v neděli.

第63課

1 1 tří (třech) dětí テレザは三児の母です。 2 ty čtyři studenty あの4人の学生たちを知ってる？ 3 dvěma Japonci 私は2人の日本人と働いています。 4 třech králích 3人の王様についての伝説をご存知ですか？ 5 pět černých koček 私は家で5匹の黒猫を飼っています。 6 jednu korunu これはたったの1コルナです。

2 1 おじいさんは2匹の犬たちと散歩に行きます。 2 これはいくらですか？―これは25コルナになります。 3 僕は6人の友人たちをパーティーに誘った。

3 1 Pozvu tři přátele na koncert. 2 Dědeček dal těm dvěma psům kosti. 3 Kolik to stojí? — To stojí tři koruny.

第64課

1 1 odeslán 2 obdivována 3 zrušen 4 pozvána 5 překvapeni (překvapeny)

2 1 その賞賛されている作家〔女性〕は特別なコンサートに招かれた。 2 私〔男性〕が正しいと（直訳：私が真実を持っていると）私は確信しています。 3 来年この映画館は閉鎖されるんだ。 4 あなたの申し込みは受理されました。

3 1 Všichni byli pozváni na koncert. 2 Na parkovišti jsou zaparkována dvě auta.

文法項目索引

あ
受け身の文　146, 152

か
過去　90, 92
数　104, 106, 148
関係代名詞 který　128
完了体動詞　76
疑問詞　14, 74, 84
形容詞　20, 40, 70, 72, 102, 134, 136
形容詞型の名詞　102
語幹が交替して語幹末が j になる動詞　82
語幹交替型の動詞　82
個数詞　104, 106, 148

さ
最上級　136
受動分詞　152
順序数詞　106
条件法　110
女性名詞　20, 58, 98, 116, 118
所有形容詞　24, 130, 132
前置詞　48, 66, 68, 120, 122, 124, 126

た
男性活動体名詞　20, 36, 62, 80, 94, 98, 142
男性不活動体名詞　20, 36, 64, 96
中性名詞　20, 66, 100, 142, 144

な
人称代名詞　16, 42, 44, 56, 86, 108

は
比較級　134, 136
否定（ne-）　12
不完了体動詞　76
副詞　28, 42, 136
複数名詞　96, 98, 100

ま
未来　78
名詞の性　20
命令形　138, 140

わ
話法の助動詞　114

数字
2格（用法）　36, 120
2格をとる前置詞　120
3格（用法）　42, 122
3格をとる前置詞　122
4格（用法）　38, 44, 124
4格をとる前置詞　124
5格（用法）　35
6格（用法）　126
6格をとる前置詞　126
7格（用法）　50, 126
7格をとる前置詞　126

アルファベット
aby　112
by　110, 112
být「〜である；いる・ある」　16, 78
co「何」　14, 84
dělat 型動詞　26
-et / -ět で終わる動詞　30
hrad 型（男性不活動体名詞）　64, 96
chtít「ほしい、〜したい」　52, 114
-í 型形容詞　72, 102
-it 型動詞　28, 82
jíst「食べる」　60
jít, jet「行く」　48
kdo「誰」　14, 84
kdyby　110
kost 型（女性名詞）　118
který「どの」「〜するところの」　74, 128
kuře 型（中性名詞）　144
ℓ 分詞　90, 92
město 型（中性名詞）　66, 100
moct「（状況的に）〜できる」　52, 114

moře 型（中性名詞）　142
muž 型（男性活動体名詞）　62, 94
náměstí 型（中性名詞）　66, 100
-nout 型動詞　80
-ovat 型動詞　46
pán 型（男性活動体名詞）　62, 94
píseň 型（女性名詞）　118
předseda 型（男性活動体名詞）　80, 98
rád の用法　74
růže 型（女性名詞）　116

se, si　32, 122, 124, 146
soudce 型（男性活動体名詞）　142
stroj 型（男性不活動体名詞）　64, 96
ten「あの・その」　22, 84, 108
to「これ，それ；そのこと」　14, 22, 84
-um で終わる中性名詞　100
vědět「知っている」　60
všechno「全部」、všichni「全員」　146
-ý 型形容詞　70, 102
žena 型（女性名詞）　58, 98

単語リスト

	略記一覧						
		男複	男性複数名詞	数	個数詞	過	不規則な ℓ 分詞
男活	男性活動体名詞	女複	女性複数名詞	副	副詞	比	比較級
男	男性不活動体名詞	中複	中性複数名詞	前	前置詞	命	不規則な命令形
女	女性名詞	形	形容詞	完	完了体動詞		
中	中性名詞	疑	疑問詞	不完	不完了体動詞		

・場所を表す名詞について、《向かう場所》で do + 2 格かつ《いる場所》で v + 6 格をとるものを (do-v) で表し、同様に na + 4 格かつ na + 6 格をとるものを (na-na) で表します。
・動詞について、語義のうしろのカッコ内に示しているのは、完了体または不完了体としてそのペアとなる動詞です。

A

a　そして；〜と
aby (-) → p.112
ahoj　やあ
album　中　(単 2 格 alba) アルバム
ale　しかし
alkohol, -u　男　アルコール、酒
anglicky　副　英語で
ano　はい
asi　およそ；おそらく
aukce　女　オークション
auto　中　車
autobus, -u　男　バス
autobusový　形　バスの
autor, -a　男活　作者

B

babička　女　おばあさん
banka　女　銀行 (do-v)
baseball, -u [発音 bejzbol]　男　野球
bát se　不完　(bojím se, bojíš se..: 過 bál se) (+2) (〜を) 恐れる
bavit　不完　楽しませる
během (+2)　前　〜の間に〔時間〕
Berlín, -a　男　(単 6 格 -ě) ベルリン (do-v)
bez (+2)　前　〜なしで
běžet　不完　(oni běží) 走る

bílý　形　白い
blbý　形　馬鹿な
bojí- se → bát se
bolest, -i　女　痛み
bolet　不完　(oni bolejí) 痛む
bondovka　女　ボンド映画
brát　不完　(beru, bereš..: 過 bral) 取る (− vzít*)
bratr, -a　男活　兄／弟
Brno　中　ブルノ〔地名〕(do-v)
brýle　女複　(2 格 brýlí) メガネ
bud- → být の未来形
buď (-) → být の命令形
budova　女　建物
by (-) → p.110, 112
bydlet　不完　(oni bydlejí) 住む
byl (-) → být
byt, -u　男　アパート (do-v)
být (jsem, jsi, je, jsme, jste, jsou: 過 byl: 命 buď) 〜である；いる、ある (不規則活用→ p.16)

C

cédéčko　中　CD
celý　形　全体の
centimetr, -u [-ti- は [-ty-] と発音]　男　センチメートル

centrum 中 (単2格 centra) 中心地 (do-v)
cesta 女 道；旅
cestovat 不完 旅行する
cestovní 形 旅行の
církev, -kve 女 教会 (do-v)
cítit se 不完 (～と) 感じる
cizí 形 見知らぬ；外国の
co 疑 何 →変化表 p.84
cukr, -u 男 砂糖

Č

čaj, -e 男 お茶
čas, -u 男 時間
časopis, -u 男 雑誌
často 副 よく、頻繁に
čeho → co
Čech, -a 男活 チェコ人〔男〕
Čechy 女複 (2格 Čech) ボヘミア地方 (時にチェコ全体も指す) (do-v)
čekat 不完 (na+4) (～のことを) 待つ (– počkat*)
čem, čemu → co
čcrný 形 黒い
čerstvý 形 新鮮な
České Budějovice 女複 (2格 Českých Budějovic) チェスケー・ブジェヨヴィツェ〔地名〕 (do-v)
Česko 中 チェコ (do-v)
česky 副 チェコ語で
český 形 チェコ(人；語)の
Český Krumlov 男 (2格 Českého Krumlova) チェスキー・クルムロフ〔地名〕 (do-v)
Češka 女 チェコ人〔女〕
čeština 女 チェコ語
četl → číst
čí 疑 誰の
čím → co
číst 不完 (čtu, čteš..: 過 četl) 読む (– přečíst*)
článek, -nku 男 記事
člověk, -a 男活 人間 →変化表 p.144
čt- → číst
čtyři 数 4 (の)

D

daleko 副 (比 dál, dále) 遠く
dárek, -rku 男 贈り物
dát* 完 (過 dal) 与える (– dávat)
dát si* 完 (過 dal si) 飲む；食べる
dcera 〔発音 cera〕女 娘
dědeček, -čka 男活 おじいさん
dějiny 女複 (2格 dějin) 歴史
děkovat 不完 (+3) (～に) 感謝する
dělat 不完 する、している (– udělat*)
delší → dlouhý
den 男 (単2格 dne：不規則変化) 日
deset 数 十 (の)
desíti → deset
deštník, -u 男 傘
dět- → dítě
děvče, -te 中 少女
dévédéčko 中 DVDソフト
devět 数 九 (の)
devíti → devět
díky (+3) 前 ～のおかげで
dítě 中 子ども (不規則変化→ p.144)
divadlo 中 劇場；演劇
dívat se 不完 (na+4) (～を) (意識的に) 見る (– podívat se*)
divný 形 奇妙な
divoký 形 (比 divočejší) 野生の；野生的な
dlouho 副 (比 déle) 長く
dlouhý 形 (比 delší) 長い
dnes, dneska 副 今日
do (+2) 前 ～の中へ
dobrý 形 (比 lepší) 良い
dobře 副 (比 líp, lépe) 良く

docela 副 かなり
dom- → dům
doma 副 家に・で
domácí 形 家の
domů 副 家へ（向かって）
dopis, -u 男 手紙
dopoledne, -e 中 午前；副 午前
dostat* 完 (dostanu, dostaneš...) 受け取る、もらう
dostat se* 完 (dostanu se, dostaneš se...) 到着する、着く
dovolená 女 （単2格 dovolené）休暇、バカンス
dozvědět se* 完 (dozvím se, dozvíš se...dozvědí se)(o+6)（～について）知るに至る
dům 男 （単2格 domu）家 (do-v)
dv- → dva
dva 数 二（の）
dveře 女複 （2格 dveří）ドア
dvojče, -te 中 双子（の片方）

E

e-mail, -u［発音 ímejl］男 電子メール
esemeska 女 SMSメール
Evropa 女 ヨーロッパ (do-v)
existovat 不完 存在する

F

fenka, fena 女 メス犬
film, -u 男 （単6格 -u）映画
fotbal, -u 男 サッカー
fotbalista 男活 サッカー選手〔男〕
fotbalový 形 サッカーの
fotka 女 写真
Francouz, -e 男活 フランス人〔男〕

H

Hamlet, -a 男活 ハムレット
herec, -rce 男活 男優
heslo 中 パスワード
hezky 副 きれいに、美しく；良く
hezký 形 （比 hezčí）きれいな、美しい
hlad, -u 男 空腹
hlava 女 頭
hlavní 形 主要な
hledat 不完 探す
hloupý 形 馬鹿な
ho → on, ono
hodina 女 一時間
hodně 副 たくさん
hokej, -e 男 ホッケー
hokejista 男活 ホッケー選手
holka 女 女の子（少女～青年）
Honza 男活　男性の名前 Jan の愛称形
horečka 女 （病気のときの）熱
horko 副 暑い
horší → špatný
hospoda 女 居酒屋 (do-v)
hovořit 不完 しゃべる
hra 女 プレー；遊び
hráč, -e 男活 選手
hračka 女 おもちゃ
hrad, -u 男 城（山城）(na-na)
hraj- → hrát
hrát 不完 (hraju, hraješ..: 過 hrál) 遊ぶ；プレーする
hřiště, -ě 中 運動場 (na-na)
hudba 女 音楽
humor, -u 男 ユーモア
hůř, hůře → špatně
hymna 女 国歌

CH

chápat 不完 (chápu, chápeš...) 解る
chc- → chtít
chlebíček, -čku 男 オープンサンド
chodit 不完 （歩いて）通う
chřipka 女 インフルエンザ
chtít 不完 (chci, chceš..chtějí: 過 chtěl)

欲する；…したい（不規則活用→ p.52）
chutnat 不完 口に合う
chyba 女 間違い、過ち

I

i ～も（また）
Ital, -a 男活 イタリア人〔男〕
internet, -u 男（単6格 -u）インターネット

J

já 私 →変化表 p.56
jahoda 女 イチゴ
jak 疑 どのように
jak často どのくらいの頻度で
jak dlouho どのくらい長く
jako ～として
jaký 疑 どのような
Japonec, -nce 男活 日本人〔男〕
Japonka 女 日本人〔女〕
Japonsko 中 日本 (do-v)
japonsky 副 日本語で
japonský 形 日本(人；語)の
japonština 女 日本語
jazyk, -a 男（単6格 jazyce, jazyku）言語；舌
jd- → jít
je →① být の活用形；② oni の4格形
jed- → jet
jeden 数 一（の）
jedí, jedl (-) → jíst
jedn- → jeden
jeho[1] 彼の
jeho[2] → on, ono の 2格・4格強調形
její 彼女の →変化 p.132
jejich 彼らの
jemu〔on, ono の3格強調形〕
jen 副 ただ～だけ
ještě 副 まだ
jet 不完（jedu, jedeš..: 過 jel）(乗り物で)

行く
jezdit 不完（乗り物で）通う
ji, jí → ona 彼女
jí (-) → jíst
jídlo 中 食べ物；食事
jich → oni
jim, jimi → oni
jím → on, ono
Jirka 男活 男性の名前 Jiří の愛称形
jíst 不完 (jím, jíš...jedí: 過 jedl: 命 jez)
  食べる(不規則活用→ p.60)
jít 不完 (jdu, jdeš..: 過 šel, šla, šlo, šly...)
  (歩いて) 行く
jízdenka 女 乗車券
jméno 中 名前
jmenovat se 不完 ～という名前である
Jokohama 女 横浜 (do-v)
js- → být

K

k / ke (+3) 前 ～の方へ；～にあたって
kabát, -u 男 コート、外套
kafe, -e 中 コーヒー
kalhoty 女複（2格 kalhot）ズボン
kam 疑 どこへ（向かって）
kamarád, -a 男活 友人〔男〕
kamarádka 女 友人〔女〕
kancelář, -e 女 事務所、オフィス (do-v)
Karel Gott 男活（2格 Karla Gotta）カレル・ゴット（チェコを代表する歌手）
karta 女 カード
katalog, -u 男 カタログ
káva 女 コーヒー
kavárna 女 喫茶店 (do-v)
každý 毎…；誰でも、あらゆる人
kde 疑 どこに・で
kdo 疑 誰 →変化表 p.84
kdy 疑 いつ
kdyby (-) → p.110
když …のときに

kino 中 映画館（do-v）
kluk, -a 男活 男の子（少年～青年）
knedlík, -u 男 〔ふつう複数形で用いて〕クネドリーキ
kniha 女 本
knihovna 女 図書館（do-v）
kocour, -a 男活 オス猫
kocovina 女 二日酔い
kočka 女 猫〔総称〕；メス猫
koho → kdo
kolega 男活 同僚〔男〕
kolegyně 女 同僚〔女〕
kolik 疑 いくら、いくつ
kom, komu → kdo
koňak, -u 男 コニャック
konat 不完 行う
koncert, -u 男 コンサート
koruna 女 コルナ〔チェコ共和国の通貨単位〕
kost, -i 女 骨
kotě, -te 中 子猫
kouč, -e 男活 （スポーツチームの）監督
koupit* (si) 完 （命 kup）（自分用に）買う（-kupovat）
kouřit 不完 （命 kuř）タバコを吸う
král, -e 男活 （複1格 -ové）王
krásný 形 美しい
krátký 形 （比 kratší）短い
kreslit 不完 描く
krev, -rve 女 血
krevní 形 血液の
křeslo 中 ソファ
který 疑 どの；どちらの 関係代名詞 …するところの（人・もの）
kufr, -u 男 スーツケース
kuchař, -e 男活 料理人
kultura 女 文化
kupovat 不完 → koupit* 完
kurz, -u 男 コース、講座
kuře, -te 中 若鶏

kvalitní 形 質の高い
kvůli 前 （+3）～が原因・理由で
kým → kdo

L

leden, -dna 男 一月
lední 形 氷の
lednička 女 冷蔵庫
legenda 女 伝説
lehký 形 （比 lehčí）軽い；簡単な
lék, -u 男 薬
lékař, -e 男活 医師
lépe → dobře
lepší → dobrý
les, -a 男 （単6格 -e）森（do-v）
letadlo 中 飛行機
letiště, -ě 中 空港（na-na）
levný 形 安い
ležet 不完 （oni leží）横たわっている
Liberec, -rce 男 リベレツ〔地名〕（do-v）
líbit se 不完 （+3）（～の）気に入っている
lidé 男活複 人々（不規則変化→p.144）
lidský 形 人間の
líp → dobře

M

má (-) → mít
Maďarsko 中 ハンガリー
majitel, -e 男活 持ち主；飼い主
málo 副 （比 míň, méně）少し
malý 形 （比 menší）小さい
máma 女 ママ
maminka 女 お母さん
manžel, -a 男活 夫
manželka 女 妻
mapa 女 （広域）地図
maso 中 肉
matka 女 母親
mě → já
mé (-) → můj

měl (-) → mít
méně → málo
menší → malý
měsíc, -e 男 月（天体）；月（暦）
město 中 街、都市 (do-v)
metro 中 地下鉄
mezi 前 (+7) ～の間に・で；(+4) ～の間へ
mezinárodní 形 国際的な
mi → já
milovat 不完 愛している
miminko 中 赤ちゃん
míň → málo
minerální 形 ミネラルの
minout* 完 過ぎ去る
mít 不完 (mám, máš..: 過 měl: 命 měj) 持っている；(状況的に) ～すべきだ
mít se 不完 体調・気分が…である
mladší 形 年下の、より若い (→ mladý)
mladý 形 (比 mladší) 若い
mléko 中 牛乳
mluvčí 男活 (単2格 mluvčího)；女 (単2格 mluvčí) 広報担当者〔男；女〕
mluvit 不完 話す
mně, mnou → já
mnohem 副 だいぶ
mnoho 副（比 víc, více) たくさん
mobil, -u 男 (単6格 -u) 携帯電話
moc 副 とても
moct / moci 不完 (můžu / mohu, můžeš..: 過 mohl)(状況的に) ～できる；(可能性として) ありうる
moderní 形 最新式の、モダンな
mohl (-) → moct
moj- → můj
moře, -e 中 海
most, -u 男 (単6格 -ě) 橋
mrkev, -kve 女 ニンジン
mu → on, ono
můj 私の →変化表 p.130

muset 不完 (oni musejí) ～する必要がある；～に違いない
muzeum 中 (単2格 muzea) 博物館 (do-v)
muž, -e 男活 男性；夫 →変化 p.62
můž- → moct
my 私たち →変化表 p.56
mý- → můj
mýdlo 中 石けん
myslet 不完 (oni myslejí) 思う、考える

N

na 前 (+4) ～の方へ（向かって）；～用に；(+6) ～に・で
nad 前 (+7) ～の上方に・で；(+4) ～の上へ（向かって）
nádraží 中 (ターミナル) 駅 (na-na)
náhoda 女 偶然
najít* 完 (najdu, najdeš..: 過 našel, našla...) 見つける
nákup, -u 男 (単6格 -u) 買い物
nálada 女 機嫌
nám, námi → my
náměstí 中 広場 (na-na)
napsat* 完 (napíšu, napíšeš...) 書く (- psát)
národní 形 国民の
narozeniny 女複 (2格 narozenin) 誕生日
nás → my
nástupiště, -ě 中 プラットフォーム (na-na)
náš 私たちの →変化表 p.132
naš- → náš
naštvaný 形 慨慨した
navrhnout* 完 提案する；デザインする
návštěva 女 訪問
ne いいえ
ne- (動詞の頭に付いて否定を表す)
ně → oni
nebo または、あるいは

něco 何か →変化 p.84
neděle 女 日曜日
nej- 〔形容詞・副詞の頭に付いて最上級をつくる〕
něj → on, ono
nějaký 何らかの
někdo 誰か
něm, nému → on, ono
Německo 中 ドイツ (do-v)
německy 副 ドイツ語で
německý 形 ドイツの
nemoc, -i 女 病気
nemocnice 女 病院 (do-v)
není → být の三人称単数・否定形
nést 不完 (nesu, neseš..: 過 nesl) 運ぶ
než ～より、～と比べて
ni, ní → ona 彼女
nic (2格 ničeho) 何も (…ない)
nich → oni
nim, nimi → oni
ním → on, ono
nízko 副 (比 níž, níže) 低く
noc, -i 女 夜
noha 女 脚・足
nosit 不完 身につけている
noviny 女複 (2格 novin) 新聞
nový 形 新しい

O

o 前 (+6) ～について；(+4) ～の分だけ；jít o +4 ～が話題の焦点になっている
obal, -u 男 表紙；ジャケット
občan, -a 男活 (複1格 -é) 市民
obdivovat 不完 賞賛する
oběd, -a 男 (単6格 -ě) 昼食
obchod, -u 男 店 (do-v)
obchodní 形 商いの
obraz, -u 男 絵；絵画
oční 形 目の
od (+2) 前 ～から

odeslat* 完 (odešlu, odešleš...) 送信する
odjezd, -u 男 出発
odjíždět 不完 (oni odjíždějí) 出発する
odkud 疑 どこから
odložit si* 完 上着を脱ぐ
odpoledne, -e 中 午後；副 午後
okno 中 窓
Olomouc, -e 男 オロモウツ〔地名〕(do-v)
on 彼 →変化表 p.86
ona^1 彼女 →変化表 p.86
ona^2 → ono「それ」の複1格 (変化表 p.108)
oni 彼ら →変化表 p.108
ono (中性名詞を受けて) それ →変化表 p.86
ony 彼女たち →変化表 p.108
opravdový 形 本物の
optimistický [-ti- は [-ty-] と発音] 形 楽観的な
orloj, -e 男 天文時計
Ósaka 女 大阪 (do-v)
Ostrava 女 オストラヴァ〔地名〕(do-v)
otázka 女 質問
otec, -tce 男活 (複1格 otcové) 父親
otevřít* 完 (otevřu, otevřeš..: 過 otevřel) 開ける
ovoce, -e 中 果物

P

pamatovat si 不完 覚えている
pan, -a 男活 ～さん、～氏〔男性への敬称〕
pán, -a 男活 紳士；主人
paní 女 ～さん、～夫人〔既婚女性への敬称〕；婦人
Pardubice 女複 (2格 Pardubic) パルドゥビツェ〔地名〕(do-v)
park, -u 男 公園 (do-v)
parkování 中 駐車
parkovat 不完 駐車する (−zaparkovat*)
parkoviště, -ě 中 駐車場 (na-na)
partner, -a 男活 パートナー〔男〕

partnerka 女 パートナー〔女〕
pas, -u 男 パスポート
pauza 女 休憩
pěkný 形 素敵な；かわいい
peněženka 女 財布
peníze 男複 お金（不規則変化→ p.96）
pepř, -e 男 コショウ
pero 中 ペン
pes 男活（単2格 psa）犬〔総称〕；オス犬
pesimistický [-ti- は [-ty-] と発音] 形 悲観的な
pět 数 5（の）
pij-, pil (-) → pít
píseň, -sně 女 歌
píš- → psát
pít 不完（piju, piješ..: 過 pil）飲む
pivo 中 ビール
plán, -u 男（単6格 -u）計画
platit 不完 支払う（- zaplatit*）
Plzeň, -zně 男 プルゼニュ〔地名〕(do-v)
po (+6) 前 〜の後に；〜じゅうを
počasí 中 天気
počítač, -e 男 パソコン、コンピューター
počkat* 完 → čekat 不完
pod 前 (+7) 〜の下に・で；(+4) 〜の下へ（向かって）
podat* 完 手渡す
podívat se* 完 → dívat se 不完
podle (+2) 前 〜にしたがって；〜によれば
podpis, -u 男 サイン、署名
pohlednice 女 絵はがき
pojď → jít の命令形
pojed- → jet の未来形
pokoj, -e 男 部屋
pokud 〜の限りは
poledne, -e 中 正午
Polsko 中 ポーランド (do-v)
pomáhat 不完 → pomoct* 完
pomalu 副（比 pomaleji）ゆっくりと

pomoc, -i 女 助け
pomoct* 完 (pomůžu, pomůžeš..: 過 pomohl)(+3)（〜を）助ける、手伝う
populární 形 人気のある
pořád 副 いつも
pořádek, -dku 男 秩序
posadit se* 完 腰をかける
poslat* 完 (pošlu, pošleš...) 送る
postel, -e 女 ベッド
pošl- → poslat*
pošta 女 郵便局 (na-na)
potřebovat 不完 (〜を) 必要とする
pozdě 副 遅れて
pozvat* 完 (pozvu, pozveš...) 誘う
práce 女 仕事；職
pracovat 不完 働く
Praha 女 プラハ (do-v)
pravda 女 真実、本当のこと
pravý 形 右の
prázdniny 女複 (2格 prázdnin)（長期）休暇
prezident, -a 男活 大統領
pro (+4) 前 〜のために；〜にとって
problém, u 男（単6格 u）問題
proč 疑 なぜ、どうして
prodat* 完 売る（- prodávat）
prodavač, -e 男活 店員
prodávat 不完 → prodat* 完
profesor, -a 男活 教授
programátor, -a 男活 プログラマー
procházka 女 散歩
prosba 女 願い
proti (+3) 前 〜の向かい側に；〜に反対して
průvodce 男活 添乗員、ガイド
prátel (-) → přítel
přečíst* 完 (přečtu, přečteš..: 過 přečetl) 読む（- číst）
před 前 (+7)（時間・場所）〜の前に；(+4) 〜の前へ（向かって）

předseda 男活 議長〔男〕
překvapit* 完 驚かす
Přerov, -a 男 プシェロフ〔地名〕(do-v)
přesvědčit* 完 確信させる
při (+6) 前 〜の際に；〜の付近に
příčina 女 原因
přihláška 形 申込（書）
přicházet 不完 (oni přicházejí) → přijít* 完
přijet* 完 (přijedu, přijedeš..)（乗り物で）来る
přijít* 完 (přijdu, přijdeš..: 過 přišel, přišla..: 命 přijď)（歩いて）来る（−přicházet）
přijmout* 完 (přijmu, přijmeš..: 過 přijal) 受け入れる
příští 形 次の
přítel, -e 男活 親友；恋人（複数は不規則変化→p.144）
přítelkyně 女 親友；恋人
ps- → pes
psát 不完 (píšu, píšeš..: 過 psal) 書く（−napsat*）
psycholog, -a 男活 心理学者
ptát se 不完 (過 ptal se)(+2)（〜に）たずねる（−zeptat se*）
půjčit* 完 貸す
půjd- → jít の未来形

R

rád 形 (比 raději, radši) 嬉しい；好んで
radost, -i 女 喜び
rajče, -te 中 トマト
referát, -u 男 レポート
republika 女 共和国
restaurace 女 レストラン (do-v)
rodina 女 家族
rok, -u 男 年；一年
román, -u 男 小説
rozhodnout* 完 決める

rozumět 不完 (oni rozumějí)(+3)（〜が）理解できる
růst, -u 男（単6格 -u）成長
růže 女 バラ
ryba 女 魚
rychle 副 速く
rychlý 形 速い
rýma 女 鼻づまり

Ř

ředitel, -e 男活 長
řeka 女 川
řekl (-), řekn- → říct*
říct* 完 (řeknu, řekneš..: 過 řekl) 言う（−říkat）
řídit 不完 運転する；操る
říkat 不完 言う（−říct*）

S

s / se (+7) 前 〜とともに
sázet 不完 (oni sázejí) 植える
se¹ 自分自身を；互いを；〜され（てい）る
se² → s 前
sebe; sebou → p.120, 124; 126
sedět 不完 (oni sedí) 座っている
sednout si* 完 座る、腰かける
sejít se* 完 (sejdu se, sejdeš se..: 過 sešel se, sešla se..) 集合する
sem 副 ここへ（向かって）
ses → ①過去 p.92；②条件法 p.110
sestra 女 姉／妹
setkat se* 完 (s+7)（〜と）会う
seznam, -u 男（単6格 -u）一覧表
seznámit se* 完 (s+7)（〜と）知り合う
si 自分自身に；お互いに
sis → ①過去 p.92；②条件法 p.110
skupina 女 集団、グループ
skvěle 副 素晴らしく
slabý 形（比 slabší）弱い
sladký 形（比 sladší）甘い

179

slečna 女 〜さん、〜嬢（未婚女性への敬称）；お嬢さん
Slovák, -a 男活 スロヴァキア人〔男〕
Slovenka 女 スロヴァキア人〔女〕
Slovensko 中 スロヴァキア (na-na)
slovník, -u 男 辞書
slunce, -e 中 太陽
služební 形 仕事上の
slyšet 不完 (oni slyší) 聞く、聞こえる
smát se 不完 (směju se, směješ se..: 過 smál se) ほほえむ
smažený 形 揚げた
smět 不完 (oni smějí) 〜してよい
snažit se 不完 努力する
snídaně 女 朝食
sníh 男 (単2格 sněhu) 雪
sobě → p.122, 126
sobota 女 土曜日
soubor, -u 男 （パソコンの）ファイル
soudce 男活 裁判官
soused, -a 男活 隣人
soustředit se* 完 集中する
spaní 中 寝ること、睡眠
spát 不完 (spím, spíš..: 過 spal) 眠る
speciální 形 特別な
spí- → spát
spisovatelka 女 作家〔女〕
spokojený 形 満足した
společně 副 一緒に
sport, -u 男 （単6格 -u) スポーツ
srdce, -e 中 心臓；心
staroměstský 形 旧市街の
starší 形 年上の；より古い (→ starý)
starý 形 （比 starší）年をとった；古い
stát 不完 (stojím, stojíš..: 過 stál: 命 stůj) 立っている；〜の値段である
stát se* 完 (stanu se, staneš se..: 過 stal se) (+7) （〜に）なる
státní 形 国家の
stejný 形 同じ、同様の

stojí (-) → stát
stol- → stůl
stroj, -e 男 機械
strom, -u 男 木
stromeček, -čku 男 クリスマスツリー
strýc, -e 男活 おじ
středisko 中 中心地
střecha 女 屋根
student, -a 男活 学生〔男〕
studentka 女 学生〔女〕
studovat 不完 専攻する；勉強する
stůl 男 （単2格 stolu) 机、テーブル
sukně 女 スカート
suvenýr, -u 男 おみやげ
sv- → svůj
svět, -a 男 （単6格 -ě) 世界
svetr, -u 男 セーター
svoboda 女 自由
svůj 自分の →変化 p.130
sympatický [-ti- は [-ty-] と発音] 形 感じのよい
syn, -a 男活 （複1格 -ové) 息子
sýr, -a 男 チーズ

Š

šachy 男複 (2格 šachů) チェス
šála 女 マフラー、襟巻き
šaty 男複 (2格 šatů) ドレス；洋服
šel → jít
šest 数 6 (の)
Šinkansen, -u 男 新幹線
škola 女 学校 (do-v)
šla, šlo, šli, šly → jít
špatně 副 （比 hůř, hůře) 悪く；下手に
špatný 形 （比 horší) 悪い；下手な
šperk, -u 男 アクセサリー
štěně, -te 中 子犬
štěstí 中 幸福；幸運
šunka 女 ハム

T

ta → ten
Tábor, -a 男 ターボル〔地名〕(do-v)
tady 副 ここに・で
tak じゃあ；なので；そのように
takový そのような
takže なので
tam 副 そこに・で；そこへ
tamhle 副 （ほら）あそこに
tancovat 不完 踊る
tatínek, -nka 男活 お父さん
té → ten
tě → ty 君
tebe, tebou → ty 君
teď 副 今
těch → ten
televize 女 テレビ
těm, těmi → ten
ten あの・その →変化表 単 p.84/ 複 p.108
tenhle, tento この →変化表 単 p.84/ 複 p.108
teplo 副 あたたかく
teplý 形 あたたかい
teta 女 おば
těžký 形 （比 těžší）重い；難しい
ti →① ty「君」の3格形 ② ten の複1格形（男活）
tichý 形 （比 tišší）静かな
tím → ten
tisíc, -e 男 千
*to*¹ それ；これ；そのこと →変化 p.84
*to*² → ten
tobě → ty 君
tohle, toto ①これ ②→ tenhle, tento
toho → ten
Tokio 中 東京 (do-v)
tom, tomu → ten
tou → ten
tramvaj, -e 女 市電、トラム
trezor, -u 男 金庫
tričko 中 Tシャツ
trochu 副 少し、多少
třeba 副 （…することが）必要だ
tři 数 3（の）
tu → ten
turista 男活 旅行者
tv- → tvůj
tvůj 君の →変化表 p.130
ty¹ 君、お前 →変化表 p.56
*ty*² → ten の変化形
týden 男 （単2格 týdne：不規則変化）週；一週間
tykat 不完 ty で呼ぶ

U

u (+2) 前 〜のもとに・で
učebnice 女 教科書
učení 中 学習
učit 不完 教える、指導する
učit se 不完 学ぶ、習う
učitel, -e 男活 （複1格 -é）教師〔男〕
učitelka 女 教師〔女〕
udělat* 完 する（− dělat）
ukázat* 完 (ukážu, ukážeš...) 見せる、示す
úkol, -u 男 課題
umět 不完 (oni umějí)（能力的に）できる
umřít* 完 (umřu, umřeš..: 過 umřel) 死ぬ
unavený 形 疲れた
ústa 中複 （2格 úst）口
uvěřit* 完 → věřit 不完
už 副 もう、すでに

V

v / ve (+6) 前 〜の中に・で
vám, vámi → vy
vánoční 形 クリスマスの
Varšava 女 ワルシャワ (do-v)

vaření 中 料理
vařit 不完 料理する
vás → vy
váš あなた（がた）の、君たちの →変化 p.132
vaš- → váš
včas 副 時間通りに
včera 副 昨日
vdaná 形 （女性が）既婚の
ve → v 前
večer, -a 男 晩；副 晩に
večeře 女 夕食
večírek, -rku 男 パーティー
vědět 不完 (vím, víš...vědí: 命 věz)（情報として）知っている（不規則活用 → p.60）
vedle（+2）前 〜の隣に、〜と並んで
vejce, -e 中 （複2格 vajec）卵
veletrh, -u 男 見本市
velký 形 （比 větší）大きい
velmi 副 とても、大変に
věřit 不完 (+3)（〜を）信じる（- uvěřit*）
vést 不完 (vedu, vedeš..: 過 vedl) 導く
větší → velký
ví (-) → vědět
víc, více → mnoho
vidět 不完 (oni vidí) 見る、見える；会う
víkend, -u 男 週末
víno 中 ワイン
vizitka 女 名刺
vízum 中 （単2格 víza）ビザ、査証
vlak, -u 男 電車
vlas, -u 男 （一本の）髪
Vltava 女 ヴルタヴァ川
voda 女 水
Volha 女 ヴォルガ川
vrata 中複 （2格 vrat）門
vrátit* 完 返す、戻す（- vracet）
vrátit se* 完 帰る、戻る（- vracet se）

vstupné 中 （単2格 vstupného）入場料
vše (-) → p.146
všechno, všecko 全部、すべて →変化表 p.146
všichni 皆（の）、全員（の）
všimnout si* 完 気づく
vtip, -u 男 （単6格 -u）ジョーク
vůbec まったく、全然（…ない）
vy あなた；あなたがた；君たち →変化表 p.56
vykat 不完 vy で呼ぶ
vypadat 不完 （〜のように）見える
vysoko 副 （比 výš, výše）高く
vysoký 形 （比 vyšší）（高さ、身長が）高い
vytisknout* 完 印刷する
vzít* 完 (vezmu, vezmeš..: 過 vzal) 取る（- brát）
vztah, -u 男 関係

Z

z / ze（+2）前 〜の中から；〜の出身で
za 前 （+7）〜の後ろに；〜を訪ねて （+4）〜の代わりに；〜後に〔時間〕；〜の後ろへ（向かって）
zábavní 形 娯楽の
začal (-) → začít*
začátek, -tku 男 最初、始め
začít* 完 (začnu, začneš..: 過 začal) 始める；始まる
začn- → začít*
záda 中複 （2格 zad）背中
zahraničí 中 外国 (do-v)
záchod, -u 男 トイレ
zachránce 男活 救命士
zajímavý 形 興味深い、面白い
zakázat* 完 (zakážu, zakážeš...) 禁止する
zamilovaný 形 (do+2)（〜に）恋している
zaparkovat* 完 → parkovat 不完

zápas, -u 男 試合
zapomenout* 完（過 zapomněl）忘れる；(na+4)（〜のことを）忘れる
zase 副 また、再び
zástupce 男活 代表者
zavírat 不完 → zavřít*
zavřít* 完（zavřu, zavřeš..: 過 zavřel）閉める（− zavírat）
zbavit se* 完（+2）（〜を）自分の身から取り除く
ze → z 前
zelenina 女 野菜
zelený 形 緑の
zeptat se* 完 → ptát se 不完
zima 女 冬；副 寒い
zítra 副 明日
zkouška 女 試験
Zlín, -a 男 ズリーン〔地名〕(do-v)
známá 女（単2格 známé）知人〔女〕
známý[1] 男活（単2格 známého）知人〔男〕

známý[2] 形 有名な
znát 不完（過 znal）（具体的な人・ものを）知っている
zpívat 不完 歌う
zrcadlo 中 鏡
zrušit* 完 中止する
ztratit* 完 失う
ztratit se* 完 いなくなる、なくなる
zub, -u 男（単6格 -u）歯
zůstat* 完（zůstanu, zůstaneš...）居残る
zvíře, -te 中 動物

Ž

žádný どんな…も（ない）
že …ということ（を）
žena 女 女性；妻
ženatý 形（男性が）既婚の
žít 不完（žiju, žiješ..: 過 žil）生きる；暮らす
život, -a 男（単6格 -ě）命；生活

名詞の語尾
○○, -a 男活 → pán 型（単 p.62 / 複 p.94）
○○, -e 男活 → muž 型（単 p.62 / 複 p.94）
〜 a 男活 → předseda 型（単 p.80 / 複 p.98）
〜 ce 男活 → soudce 型（単複 p.142）
○○, -u 男 → hrad 型（単 p.64 / 複 p.96）
○○, -a 男 → hrad 型で単2格が -a（単 p.64 / 複 p.96）
○○, -e 男 → stroj 型（単 p.64 / 複 p.96）
〜 a 女 → žena 型（単 p.58 / 複 p.98）
〜 e(ě) 女 → růže 型（単複 p.116）
○○, -e 女 → píseň 型（単複 p.118）
○○, -i 女 → kost 型（単複 p.118）
〜 o 中 → město 型（単 p.66 / 複 p.100）
〜 í 中 → náměstí 型（単 p.66 / 複 p.100）
○○, -e(ě) 中 → moře 型（単複 p.142）
○○, -te(tě) 中 → kuře 型（単複 p.144）

動詞の語尾
-at / -át → p.26
（活用形の記載なし）
-et / -ět → p.30
（oni の活用形のみ記載）
-it → p.28
-nout → p.80
-ovat → p.46

※上記以外は語幹交替型（p.82）や不規則活用の動詞になり、カッコ内に活用形を示しています。

著者紹介
髙橋みのり（たかはし みのり）
1981年生まれ。東京外国語大学卒業（チェコ語）。同大学大学院修士課程修了（言語学）。チェコ語講師として外務省研修所やディラ国際語学アカデミーにてチェコ赴任前研修を担当するほか、通訳者としても活動。

チェコ語表現とことんトレーニング

2013年4月5日　印刷
2013年4月30日　発行

著　者 © 髙橋みのり
発行者　　及　川　直　志
印刷所　　倉敷印刷株式会社

101-0052東京都千代田区神田小川町3の24
発行所　電話 03-3291-7811（営業部），7821（編集部）　株式会社　白水社
http://www.hakusuisha.co.jp
乱丁・落丁本は、送料小社負担でお取り替えいたします。

振替 00190-5-33228　　　　Printed in Japan　　　加瀬製本

ISBN978-4-560-08626-1

▷本書のスキャン、デジタル化等の無断複製は著作権法上での例外を除き禁じられています。本書を代行業者等の第三者に依頼してスキャンやデジタル化することはたとえ個人や家庭内での利用であっても著作権法上認められていません。